16	3	2	13
5	10	11	8
9	6	7	12
4	15	14	1

Coleção Ouvido Musical

Silvio Essinger

PUNK

ANARQUIA PLANETÁRIA E A CENA BRASILEIRA

editora 34

EDITORA 34

Editora 34 Ltda.
Rua Hungria, 592 Jardim Europa CEP 01455-000
São Paulo - SP Brasil Tel/Fax (11) 816-6777 editora34@uol.com.br

Imagem da capa:
Sid Vicious nas filmagens de My Way, *abril de 1978*

Imagem da 4ª capa:
João Gordo, dos Ratos de Porão, no Circo Voador, 1985

Capa, projeto gráfico e editoração eletrônica:
Bracher & Malta Produção Gráfica

Revisão:
Alexandre Barbosa de Souza

Crédito das imagens:
Reprodução (pp. 8, 10, 14, 18, 24, 26, 28, 30, 35, 38, 43, 47, 50, 54, 60, 63, 65, 69, 77, 166a, 186, 207, 208, 209, 210, 211, 212, 213 e capa); Divulgação (Continental: p. 75 / Plug: pp. 162, 203 / Abril Music: p. 176 / Universal: p. 189 / Reprise: p. 192 / Sony Music: p. 195 / Warner: p. 199); Abril Imagens (David Drew Zingg: p. 90 / Sérgio Sade: p. 93); Edmundo Barreiros (pp. 96, 114 e 4ª capa); Cavalo (p. 99); Arquivo Redson/Cólera (pp. 103, 110, 180) Arquivo Clemente/Inocentes (p. 166a); Humberto Nicoline (p. 122); Carlos Mesquita (p. 126); Arquivo Silvio Essinger (pp. 131, 134); Fê Lemos (pp. 136, 140b); Arquivo Fê Lemos (pp. 140a, 142, 149b); Flávio Lemos (p. 146); Maria Inez Laurent (p. 149a); Arquivo Marcelo Nova (pp. 152, 156); Fabiana Figueiredo (p. 170); Albano Mendes (p. 182)

1ª Edição - 1999

Catalogação na Fonte do Departamento Nacional do Livro
(Fundação Biblioteca Nacional, RJ, Brasil)

Essinger, Silvio
E386p Punk: anarquia planetária e a cena brasileira /
Silvio Essinger. — São Paulo: Ed. 34, 1999
224 p. (Coleção Ouvido Musical)

ISBN 85-7326-147-1

1. Punk (Música). I. Título. II. Série.

CDD - 780.9

PUNK

ANARQUIA PLANETÁRIA E A CENA BRASILEIRA

ESTE LIVRO É DEDICADO A

Alexandra, o amor da minha vida, que compartilhou do entusiasmo com o projeto desde o começo e acompanhou, ao meu lado, cada um de seus passos.

Meus pais, que sempre deram amor de sobra, cuidaram do meu caráter e não negaram dinheiro para eu gastar em besteira. Não fosse a generosidade distraída de Seu Sylvio (grande colecionador de fascículos e LPs de MPB) e de Dona Rose, não teria à mão boa parte do acervo de discos e revistas consultado ao longo da confecção deste volume.

Tárik de Souza, meu mestre e grande responsável por este livro.

Sid Vicious e Johnny Rotten: as caras, a coragem e o ultraje dos Sex Pistols, a banda que veio para acabar com o tédio na Inglaterra e mudar o mundo.

AGRADECIMENTOS A

Alexandre e Andréa (meus irmãos), Benedito e Elza (meus sogros), Alessandro e Bianca (eternos amigos), Aline Kaneco, André Barcinski, Ariel, Brian Baker, Canibal, César Nine, Clemente, Diogo (S.S.I.), Edmundo Barreiros, Eusébio Galvão, Fábio (Olho Seco), Fábio (Garage), Fê e Flávio Lemos, Kid Vinil, Jamari França, Jander Bilaphra, José Felipe Calderón, Inês e Marcelo Nova, Márcio Bandeira (Satanésio), Maria Juçá e todo o Circo Voador, Marcos Petrillo, Mauro Alencar, Paulo André, Pesquisa JB, Piky Candeias, Redson, Regina Zappa, Ricardo Calazans, Tom Leão, Wladimir Palmeira (Pacto Social) e Wander Wildner.

Fanzine: o meio de comunicação punk por excelência, no Brasil e em todo o mundo. O número zero de *Aos Berros*, de Juiz de Fora, relatava a devastação promovida pelas bandas do movimento em 1983, durante festival de rock na cidade.

TODO REPÚDIO

Ao Sistema injusto, à fome, à miséria, à falsidade, à mediocridade, à falta de humor, à exploração do homem pelo homem, aos que matam crianças, aos neonazistas e fascistas em geral, à hipocrisia, aos burocratas, à dança da bundinha, aos que exploram as desgraças do povo na TV, à Lei de Gerson, aos que vendem o Brasil, aos cheios de si, aos que batem em mulheres, aos que escravizam pela droga, aos que transformaram a religião em supermercado, aos pedantes, aos maus patrões, aos monopólios, aos que deixam perpetuar a ignorância, aos fomentadores de intriga, à programação dominical de TV, aos que furam fila, à ganância, ao Star System, aos que vivem reclamando da vida e não fazem nada para mudá-la.

PUNK

ANARQUIA PLANETÁRIA
E A CENA BRASILEIRA

Filipeta: circulando de mão em mão, elas resistiram até o fim dos anos 90 como a forma preferida dos punks para divulgar os shows entre a comunidade.

INTRODUÇÃO AO CAOS

Rio de Janeiro, dezembro de 1998, final de uma tarde de domingo. Para muitos, o conceito de programa seria um jogo no Maracanã, uma *pegadinha* na TV, chope e namorico na praia ou então uma boa soneca. Mas não para aqueles garotos, reunidos dentro daquela árida estrutura de cimento sem revestimento conhecida como Fundição Progresso. Ali, o que acontece é uma antiga forma de diversão conhecida como show punk. Ela exige uma certa preparação visual prévia (sabão para eriçar os cabelos moicanos de quem tem), disposição para distribuir cotoveladas e tímpanos muito resistentes aos decibéis. A recompensa? Pensando com a cabeça daqueles garotos de 17, 18 anos, poucas coisas melhores há do que a pulsação hardcore atropelando os ouvidos e entrando em sintonia com a batida do coração. Ou então, a purgação das pequenas frustrações do dia-a-dia, ao repetir refrões que mandam o mundo para aquele lugar. As bandas entram e saem e pouca coisa há, além dos nomes, para distinguilas. Pacto Social, Sub-Atitude, Caos Urbano (que invadiu o palco, tocou uma música e foi embora) e a lendária Olho Seco — é tudo punk rock, legítimo e imutável.

Desde que o rock é rock que os conjuntos de baixo, guitarra e bateria exercem uma fascinação sobre os jovens. Quem resistiria à tentação de bater aleatoriamente nos pratos da bateria, tocar o riff de "Satisfaction" meio de brincadeira ou gritar ao microfone? Esse é um prazer do qual poucos ficam privados. Em qualquer lugar do mundo, por mais carente que seja a comunidade, haverá sempre uma guitarra vagabunda plugada num amplificador podre e uma bateria de lata para que garotos descubram a inigualável experiência de fazer os seus próprios sons. E, uma vez que montem suas primeiras bandas, eles decerto quererão escrever letras que falem do seu cotidiano e de suas inquietações, seja de forma brincalhona ou sisuda, coerente ou delirante. Pois bem, isso é punk rock. Codificado e alçado à categoria de fenômeno pop-sociológico em 1976, duas décadas e tanto se passaram e seus signos e rituais continuaram sendo repetidos com poucas variações. Em Londres, na Califórnia ou mesmo no Rio de Janeiro, no fim de uma tarde quente.

Este livro nasceu da idéia de tentar partilhar a experiência punk com leitores não muito afeitos ao gênero. Qual a graça de passar horas ouvindo o rock mais primário que existe, pulando a esmo e cantando letras pouco elaboradas, escritas sob forte emoção? A estes aventureiros que aqui embarcam, o volume oferece subsídios para que se tente decifrar esse mistério que é o punk e toda a sua filosofia intrínseca. Mas há também os que se lembram perfeitamente de, algum dia em suas vidas, terem experimentado os sentimentos descritos nos primeiros parágrafos. Bom, para estes, aqui vai o roteiro da viagem de volta.

1.
DE RIMBAUD A RAMONES

Sid Vicious, Darby Crash e Kurt Cobain — três nomes e uma mesma história. O primeiro foi o esfarrapado e encrenqueiro baixista dos Sex Pistols, a banda mais perigosa e ultrajante do mundo naquele ano de 1977. Magreza extrema — perfeito recheio para as calças de couro negro —, cabelos espetados, cara insalubre, gestos desafiadores, o jovem inglês que na pia de batismo recebera o nome de John Simon Ritchie disputava com o amigo e vocalista Johnny Rotten, o *Joãozinho Podre*, a posição de estrela nos poucos e conturbados shows que os Pistols conseguiam fazer, driblando a perseguição constante da mídia, autoridades e donos do poder em geral — um resultado justo da fama de anticristos pop, cuidadosamente cultivada pelo empresário Malcolm McLaren. Valia tudo para Sid na busca incessante por atenção — ofensas verbais e visuais (sua camiseta com uma suástica havia se tornado célebre), provocação física (brigas em que nem sempre levava a melhor) e até mesmo a automutilação — gostava de talhar frases com gilete no próprio peito. Viciado em heroína e com o corpo debilitado por uma hepatite (e pela rotina mais que desgastante dos Pistols), ele não sobreviveu muito tempo além do fim da banda. A história foi contada no cinema por Alex Cox no filme *Sid & Nancy* (que no Brasil recebeu o gracioso subtítulo de *O amor mata*). Cenário da primeira tragédia: o decadente hotel Chelsea, em Nova York, madrugada de 12 de outubro de 1978. Mais drogado que de costume e sem a menor idéia do que estava fazendo, ele aparentemente deu uma facada na namorada, a também *junkie* Nancy Spungen, saiu para comprar mais droga, voltou, foi dormir e, quando acordou, encontrou-a morta, no chão do banheiro, em meio a uma poça de sangue. Era ela sua última ligação com o mundo. Uma temporada na cadeia, tentativas de desintoxicação, não houve jeito para que Sid se desviasse do destino traçado. Em 2 de fevereiro do ano seguinte, ele tomava a overdose fatal. Vinte e um anos de idade e se tornava um mito do rock — se não o maior, certamente o mais autodestrutivo deles.

Darby Crash, nascido Jan Paul Beahm, era uma espécie de Sid Vicious versão Los Angeles. A exemplo da juventude que sacudia Londres, ele

Darby Crash: o vocalista dos Germs deslizou com velocidade pelo caminho da autodestruição e acabou se matando em 1980.

resolveu formar em 1977 a sua própria banda, junto com o amigo guitarrista Pat Smear. Era The Germs. Se os ingleses podiam, porque não eles também? O que faltava de técnica, a banda (completada pela baixista Lorna Doom e o baterista Don Bolles) compensava com uma energia, uma urgência e uma visão acurada da realidade adolescente que a tornaram um culto entre a garotada da cidade. Quem assistir ao filme *The Decline of the Western Civilization*, sobre os punks de L.A., irá lembrar de Darby como o vocalista que raramente conseguia cantar no microfone, jogando sua mensagem a esmo e mesmo assim incendiando a platéia. Igualmente viciado em heroína, ele não conseguiu levar a banda por muito tempo. Em 6 de dezembro de 1980, deixou uma nota de suicídio e tomou quantidade cavalar da droga. Ao menos, chegou onde Sid não havia conseguido chegar: aos 22 anos de idade. Darby só não teve a chance completa de virar um mito porque, dois dias depois, John Lennon era assassinado em frente ao edifício Dakota, em Nova York, enterrando de vez o sonho de uma geração anterior, oposta à dos punks — que simplesmente não tinham sonhos e muito menos futuro. Pat Smear sobreviveu para ver a história se repetir. Em 1994, graças a seu passado histórico, ele foi chamado para assumir a segunda guitarra da banda que estava pondo em prática novamente na América (e no mundo) os preceitos do punk: o Nirvana.

Liderado pelo guitarrista e vocalista Kurt Cobain, o trio de Seattle canalizou toda a energia (auto)destruidora de década e meia de punk num produto que pegou em cheio a geração MTV: o álbum *Nevermind*, de 1991 (impossível não fazer a ligação com *Never Mind the Bollocks*, álbum de estréia dos Sex Pistols, de 1977). A canção de abertura, "Smells Like Teen Spirit", converteu uma legião inteira de adolescentes aos prazeres atemporais da purgação das frustrações e do instinto violento em forma de música. Punk a ponto de nunca fazer o que a indústria esperava (em quatro álbuns irrepreensíveis) e de causar sincero escândalo com performances nas quais a descarga emocional importava mais do que as regras do showbiz (Rio e São Paulo devem se lembrar bem dos caóticos e embasbacantes shows de 1993), o Nirvana foi outro que sucumbiu às pressões sobrehumanas de sua missão. Cobain, o pára-raios da história toda, deixou o mundo em 1994, aos 27 anos, derrotado pelas fobias de estrelato, corroído pela heroína e ajudado por um revólver, com o qual estourou a cabeça numa estufa de sua própria casa em Seattle. Há quem jure que ele foi assassinado. Será apenas uma teoria conspiratória? Quem irá saber...

Nascido para morrer — e para renascer constantemente, onde e quando menos se espera. Esta parece ser a sina do punk, desde que foi codificado para se tornar a maior e mais genuína expressão das inquietações jovens de todos os tempos. Viva rápido, morra cedo, deixe um belo cadáver. Uma idéia que começou a se formar no século passado com o poeta francês Arthur Rimbaud e chegou ao cinema nos anos 50 personificada por Marlon Brando (em *O Selvagem*) e por James Dean (que repetiu na vida real o roteiro do seu filme mais clássico, *Juventude Transviada*). Um dos fenômenos pop de mais difícil caracterização, o punk carrega em si uma série de contradições. Tido mais de uma vez como o salvador do rock (nas vezes em que este se entregou à acomodação e ao jogo da indústria fonográfica), ele traz consigo uma carga de negatividade e de contestação do *status quo* que inviabiliza sua própria sobrevivência — uma vez que se estabelece como fenômeno de massa, já não é mais punk. Acabou. Desde o princípio atrelado à mídia (as histórias de violência e ultraje sempre foram um prato cheio, como podemos ver, para tablóides e programas de TV sensacionalistas), o punk no entanto luta para destroçá-la em sua base, em prol de uma cultura pop alternativa, que só passou a existir depois que ele cavou os seus meios ideais de expressão — fanzines, selos fonográficos próprios, redes paralelas de informação e um circuito próprio de shows. Ele é o anti-mainstream.

Se a idéia já estava sendo sugerida e gestada pelos poetas românticos (há algo mais mal-do-século que o punk?), foi preciso que o mundo chegasse ao século XX e assim viesse a fagulha que faltava para explodir tudo: a eletricidade. Amplificado e distorcido em primitivas válvulas, o som das primeiras guitarras elétricas iniciou a revolução sonora e comportamental do rock n' roll, nos Estados Unidos, em meados dos anos 50. O rock já nascia *errado*: uma cruza da música branca com a negra numa América ainda racialmente intolerante. E pior: nascia com um nome que era a gíria negra para o sexo. Junto com James Dean e Marlon Brando, os *rockers* decretavam que a juventude nunca mais seria segura. Elvis Presley, Jerry Lee Lewis, Little Richard, Chuck Berry, Eddie Cochran, Buddy Holly e Gene Vincent traziam um mundo todo novo, de festa sem fim, sexo sem culpa, exacerbação da masculinidade e muita velocidade. Os primeiros símbolos punk vêm daí: o som em volume ensurdecedor, os andamentos acelerados, as drogas, os casacos de couro, as gangues, a sensação de que tudo pode acabar amanhã... Um espírito que se conectava com a literatura e na poesia de então nos delirantes, imorais e renovadores *beats* — William Borroughs (*O almoço nu*), Allen Ginsberg (*Uivo*) e Jack Kerouac (*Pé na estrada*).

Não podia mesmo dar certo essa balbúrdia toda. Os roqueiros originais logo se viram diante do acaso de quem abre a Caixa de Pandora. O Exército levou Elvis — depois o cinema, o superestrelato, o excesso de gordura e as drogas completaram o serviço, matando o astro ironicamente em plena explosão do punk, 1977. A opinião pública cuidou do *imoral* Lee Lewis, que cometeu a *infâmia* de casar com a priminha de 13 anos. Negros, Berry e Richard tiveram o mundo a vigiá-los em suas vacilações — e dançaram várias vezes, já que, rebeldes, nunca se conformavam com a injustiça dos *macartismos* morais. Brancos, Cochran, Holly e Vincent morreram em pouco tempo, por razões diversas. Com eles, morreu também o rock, soterrado por bem-penteados cantores de baladas como Ricky Nelson e Paul Anka. O cadáver só foi revivido no começo da década seguinte, por rapazes que ouviram os discos subversivos lá do outro lado do oceano.

Mesmo depois da nova explosão, promovida por dois hoje lendários, celebradíssimos e mitológicos grupos ingleses, o rock não tardou a amortecer aquele seu impacto original, caminhando para o lado do pop e depois da música respeitável, com sinceras aspirações artísticas. Mas na própria ilha a saída começava a ser desenhada, ainda na primeira metade dos anos 60. Banda-símbolo dos mods — violentos e elegantes rapazes que se recusavam a se enquadrar nos estilos jovens vigentes —, The Who levava a violência latente do rock americano a níveis-limite, com abuso de microfonia (um subproduto indesejável dos amplificadores, transformado em arte por Jimi Hendrix e em matéria-prima nos anos 80 por discípulos do punk, como a banda escocesa The Jesus & Mary Chain) e a catártica demolição de instrumentos. A performance, o som sem rebuscamentos ou solos da guitarra de Pete Townshend, e a delinqüência anfetaminada do baterista Keith Moon, serviram de modelo para muitos dos punks década e pouco depois. Outra banda inglesa, The Kinks, colaborou para a evolução do som da guitarra, transformando a distorção em matéria prima na canção pré-punk "You Really Got Me". Em pouco tempo, tanto os Kinks quanto o Who estariam embarcando para outras paragens musicais, mas o exemplo ficou. Ao mesmo tempo, os americanos também se encarregavam de desencaminhar o rock. A começar pela chamada *surf music*, movimento do começo dos 60, pautado pelo rock básico, da qual fizeram parte celerados como o guitarrista Dick Dale (de "Misirlou") e os Trashmen — os *homens-lixo*. Estes, aliás, são os pais de uma das principais canções pré-punk, a alucinada "Surfin' Bird", na qual o vocalista passa um bom tempo só repetindo a frase "bird is the world" sobre uma acelerada base com um acorde só. Dale e os Trashmen, por sua vez, descendem de um sujeito chamado Link Wray, que inaugurou a distorção de guitarra na canção "Rumble" em 1958 (tida como o marco zero do heavy metal). Mas a revolução americana dos anos 60 não ficou só por conta desses nomes.

Inspirados pelas duas estrelas da explosão britânica do rock, jovens de todas as partes do país começaram a montar suas próprias bandas tão logo aprendiam a tocar pelo menos uns três acordes. Era o *do-it-yourself* em ação ("faça você mesmo", não espere por ninguém, um dos pontos principais do credo punk). Em meados da década de 60, numa terra já totalmente dominada pelo mercado automobilístico, essas bandas não poderiam escolher melhor lugar para ensaiar: as garagens, gerando uma mitologia que persiste até hoje quando se quer falar de bandas do mais autêntico rock. Energia transbordando, LSD afetando os primeiros neurônios, som vagabundo, esses grupelhos foram abrindo caminho, tocando a todo volume e gravando em condições precárias para selos fonográficos regionais. Fizeram fama em suas cidades e estados — e às vezes um pouco além deles. Com um rock sujo, rápido e simples, nomes como The Seeds (de "Pushin' Too Hard", que na Jovem Guarda ganhou até uma versão de Wanderléa, intitulada "Vou lhe Contar"), The Standells ("Dirty Water"), The Music Machine ("Talk Talk") e The Count Five ("Psychotic Reaction") fizeram relativo sucesso nas rádios. Outros, como o 13th Floor Elevators, Blue Magoos, Chocolate Watch Band, Strawberry Alarm Clock (todas bandas inauguradoras do psicodelismo), The Sonics e The Beau Brummels, agitaram seus terreiros. Mas seus discos logo, logo começaram a ganhar poeira nos sebos, só sendo redescobertos em meados dos 70 com a série de coletâneas *Nuggets*, organizada pelo guitarrista Lenny Kaye. O culpado pelo ostracismo foi a onda hippie paz-e-amor-e-flores-no-cabelo de 65/66 que culminou no festival de Woodstock.

Nada menos punk. A utopia de um mundo melhor, sem armas, sem pobreza, sem doença, sem guerras... (A bem da verdade, os hippies também tinham sua facção mais raivosa, politizada e não-pacifista, os yippies. Infelizmente, foi a outra que entrou para a história.) Assim, enquanto a América vivia o seu sonho colorido de revolução pacífica-ecológica-espiritual (poucos anos depois encerrado pela crise do petróleo do Oriente Médio), em Nova York havia quem estivesse mais interessado na vida das ruas, em tudo o que a *decadente* sociedade poderia oferecer de melhor e de pior — drogas pesadas, rock barato, crime, pornografia, paranóia, homossexualismo. Embalado em couro preto (agora não só dos motoqueiros que inspiraram os primeiros *rockers*, mas o dos trajes sadomasoquistas), surgia o Velvet Underground — o subterrâneo de veludo. Com seus inseparáveis pares de óculos escuros, Lou Reed, John Cale, Sterling Morrisson e Mo Tucker destoavam de tudo que acontecia a sua volta. As canções de Lou Reed tinham títulos como "Heroin", "I'm Waiting for My Man" (Estou esperando pelo meu homem — ou seja, o traficante) e "Femme Fatale". Apadrinhados pelo artista plástico/agitador/mitificador Andy Warhol, o Velvet estreou em 67, auge do delírio hippie, com o clássico "disco da banana" (*Velvet Underground & Nico*). Uma obra-prima do rock por várias razões. Primeira e principal: ter trazido o mais básico dos rocks e tê-lo pervertido com ruídos e achados poéticos de quem vivia num mundo sem perspectivas, escuro, hedonista — um mundo que estava por vir à tona, apocalipticamente, a qualquer hora. Os ecos foram ouvidos até na Tcheco-Eslováquia, onde os discos da banda embalavam as reuniões da juventude oposta à opressão russa e ao cerceamento geral da liberdade. A Nova York do Velvet era, mais do que um personagem, um sentimento universal.

Lou Reed & cia. não estavam sozinhos na América em sua pregação niilista de fúria sônica. Quilômetros a oeste, no estado de Michigan, garotos que só queriam saber de beber cerveja, tomar umas bolas e arrumar confusão estavam armando suas ruidosas bandas. Em Detroit, 1968, surgia o MC5 — os cinco da cidade dos motores, que começaram carreira com um álbum ao vivo, gravado em meio ao caos, um dos barulhos mais infernais registrados em vinil até então: *Kick Out the Jams*, disco proscrito por causa do primal *motherfucker* berrado pelo vocalista Rob Tyner logo na faixa-título. Filiados a um dos vários movimentos políticos de contestação da época, os White Panthers, eles não tardaram a se desvencilhar das ideologias — tomaram uma dura dos radicais da cidade, que fervilhava de conflitos raciais — e passaram a pregar o mais imbecil dos rocks — sujo, desbocado e vigoroso. Gravaram os discos *Back in the USA* (70) e *High Time* (71) e se perderam por aí — anos mais tarde, o guitarrista Wayne Kramer acabou pegando uma cana por causa de tráfico e só voltou a ser falado nos anos 90, com o disco *The Hard Stuff*. Ao mesmo tempo e no mesmo estado que o MC5, só que na pequena Ann Arbor, outros exemplares do melhor *white trash* (lixo branco) americano iniciavam sua revolução sonora com as mesmas armas. O nome da banda exprimia uma idéia fundamental: The Stooges — os idiotas que servem de *escada* para os comediantes (a inspiração veio da televisão, dos Três Patetas — *The three stooges*). Foi aí que o punk começou a se formar tal qual o conhecemos em seu auge.

O pai e seus filhinhos. Ou melhor, o louro Iggy Pop, dos Stooges, entre a garotada dos Ramones. O começo de toda a fúria sônica nos Estados Unidos.

Richard Lloyd, Tom Verlaine, Richard Hell (segurando a TV) e Billy Ficca: o Television, uma das bandas precursoras do punk, abria seus shows no CBGB de Nova York com "Fire Engine", som psicodélico de garagem dos 13th Floor Elevators.

Esquálido e perigoso, James Osterberg era o iguana — ou melhor, Iggy Stooge (depois Pop), vocalista da banda dos irmãos Ron (guitarra) e Scott (bateria) Asheton e de Dave Alexander (baixo, que bebeu até a morte em 1975). Desde o começo, ele se mostrava um *outsider*. Na adolescência, gostava de transar no porão ao som de um compacto de "Be My Babe", das Ronnetes — tinha que parar toda hora para voltar o disco. Em seus primeiros shows com a banda, usava um camisolão e tinha as sobrancelhas raspadas. Típicos moleques de subúrbio, os Stooges gravaram seu primeiro LP em 1969, *The Stooges*, com algumas músicas que punham toda a angústia e o desejo adolescentes em seu devido lugar: bem fora do corpo. Produzido pelo mesmo John Cale do Velvet Underground, ele traz não só "I Wanna Be Your Dog" — o impulso animal sublimado em forma de canção — como duas músicas que marcariam a história do punk ainda por vir, com uma celebração total do tédio e da apatia: "No Fun" (recriada poucos anos depois pelos Sex Pistols) e "1969" (outro ano sem nada para fazer). Muito mais do que seus antecessores, Jim Morrison ou Jimi Hendrix, Iggy Pop fez da droga um fim em si mesmo. Nada de "expandir a mente" ou de "beijar o céu". Drogas eram diversão e ele, um *junkie* por opção. E muito mais do que para qualquer ser vivo até então, o palco era o seu altar supremo da barbárie e do ultraje. Iggy pulava, rolava sobre cacos de vidro (o real sadomasoquismo que, no Velvet, era apenas poético), suava, sangrava, babava e vomitava (literalmente) sobre a platéia. Isso não seria muita coisa, porém, se a banda não o seguisse com um ataque maciço de energia sônica. Então, se hoje muito do que o vocalista fez nos palcos ficou apenas na memória de alguns poucos privilegiados, este ataque ao menos permanece nos discos dos Stooges: *The Stooges* (69), *Fun House* (71) e *Raw Power* (73), fundamentais para a compreensão do punk.

Num segundo momento, tudo acabou voltando a... Nova York. A vida nas ruas inspirava um contingente para quem o lema hippie e a politização das lutas sociais não tinham o menor apelo ou mesmo sentido. Num ambiente em que garotos roqueiros, artistas performáticos, escritores e michês se misturavam sem grandes estranhamentos, surgiu em 1970 uma das bandas mais influentes (e menos reconhecidas) da história do rock: os New York Dolls. Vestidos de mulher, com sapatos plataforma, maquiagem e cabelos armados (eis de onde vem todo o *glam rock* da Los Angeles dos anos 80), eles sacudiam os espaços alternativos da cidade (como o legendário Max's Kansas City) com uma espécie de caricatura do rock, que pegava muito bem numa época em que as atenções estavam todas voltadas para a evolução instrumental, de solos intermináveis e

Com um projeto que inicialmente visava à moda, Malcolm McLaren e Vivienne Westwood acabaram por dar as bases para que o punk pudesse surgir como um avassalador movimento de renovação do pop.

influências *clássicas* que levariam ao som (ironicamente) conhecido como progressivo. Moleques de rua, com aquela esperteza conquistada a golpes de navalha, os Dolls (bonequinhas) apelavam para uma recuperação do rock básico dos anos 50 com as provocações típicas do seu hábitat — o teatro, o batom e a dubiedade sexual. Com canções que falavam sobre o dia-a-dia da cidade ("Subway Train", "Personality Crisis"), eles rapidamente reuniram uma legião de seguidores fiéis. Muito disso por causa da figura desgrenhada do guitarrista Johnny Thunders — um sujeito que vivia o rock 24 horas por dia e virou um ícone punk, assim como Iggy.

Em 1972, convencidos por seus empresários, Thunders, David Johansen (vocal, uma espécie de clone de Mick Jagger), Jerry Nolan (bateria), Arthur Kane (baixo), Syl Silvain (guitarra) e Billy Murcia foram à Inglaterra tentar a sorte. Por um lado, conseguiram: abriram um show de Rod Stewart e despertaram opiniões bastante díspares da crítica — algo entre "o futuro do rock n' roll" e "uma grande bosta". Por outro, não: Murcia morreu em uma festa em Londres graças a uma overdose de barbitúricos e bebida. A tragédia aumentou o interesse pela banda. Cortejada por diversas gravadoras, ela optou pela Mercury, que em 73 lançou seu primeiro disco, *New York Dolls*. Neste mesmo ano, os Dolls mudariam a vida de um certo inglês, egresso de escolas de arte e meio dândi — Malcolm McLaren —, que tinha ido a Nova York com a coleção de moda da mulher, a estilista Vivienne Westwood. Rondavam em sua cabeça milhares de idéias sobre como os movimentos de vanguarda (principalmente os relacionados ao anarquismo), a moda e a mídia poderiam confluir numa obra de grande impacto. Os Dolls e toda sua postura debochada, excessiva e ambígua iam ao encontro de muitas das suas ansiedades. Para McLaren, nem mesmo Iggy Pop (que havia visto em Londres um ano antes e achado *junkie* demais) havia despertado tanta excitação. Bom lembrar que, nessa época, a Inglaterra não estava tão distante dos EUA assim em termos de subcultura da delinqüência juvenil. Esta havia sido mostrada nas telas em 71 por Stanley Kubrick, no clássico *A Laranja Mecânica* (baseado em romance de Anthony Burgess).

Nova York ainda teria mais e mais para deslumbrar o visionário inglês que acabaria por formar os Sex Pistols. Ainda contrastando com todo mainstream, apareceram uns sujeitos bem diferentes dos Dolls — românticos, intelectualizados, que gostavam de poesia, mas também de rock básico e barulhento. Dois deles vinham de Delaware e se chamavam Richard Meyers e Tom Miller. Reza a lenda que um dia, em plenos anos 60, quando eram adolescentes, foram presos porque puseram fogo na

A pequena casa nova-iorquina que acolhia bandas de *c*ountry, *b*luegrass e *b*lues (daí as iniciais) tornou-se o primeiro (e mais clássico) templo punk de todos os tempos.

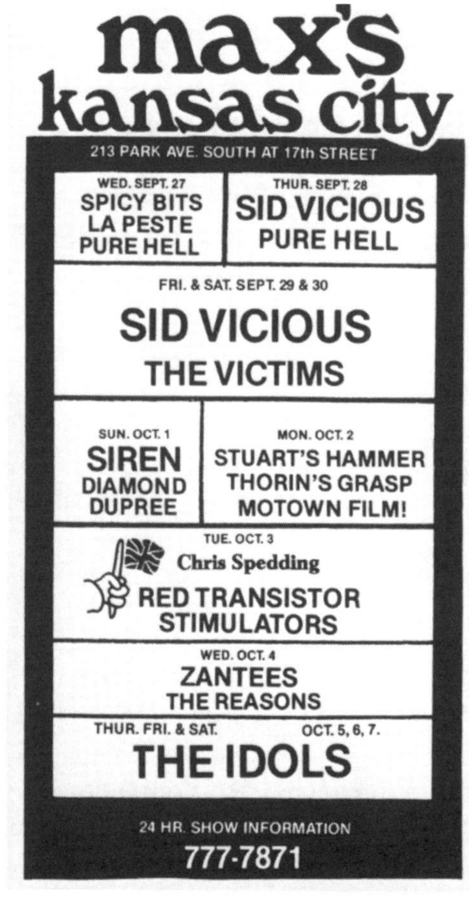

Cartaz do célebre bar onde, no começo dos anos 70, floresceu a cultura underground de Nova York que daria origem ao punk. Mais tarde, após a explosão na Inglaterra, ele receberia as novas estrelas da subversão.

mata. Tom (mais tarde rebatizado de Tom Verlaine, em homenagem ao poeta francês Paul Verlaine, o protetor e amante de Rimbaud) disse que era porque queriam se aquecer. Já Richard (que depois virou Richard Hell — inferno) assumiu que era mesmo "para ver queimar". Em 1974, depois de deixarem sua primeira banda, The Neon Boys, os dois amigos formaram o Television. Cada um deixou sua própria contribuição à História. Verlaine foi o sujeito que, junto com o outro guitarrista da banda, Richard Lloyd, um dia descobriu um pequeno clube, o CBGB (sigla que veio justamente do fato de lá só se apresentarem grupos de country, bluegrass e blues). Os dois convenceram o dono a deixá-los tocar e assim nasceu o mais lendário palco punk — logo estariam sendo atraídos para lá outros *desajustados afins*, como a cantora e poetisa e, algum tempo depois, pop star Patti Smith (que apesar de nunca ter chegado muito perto do punk é considerada uma influência filosófica e espiritual, principalmente por causa do LP *Horses*, de 75).

Richard Hell era outra história. O que Verlaine tinha de reservado e *cool*, Hell tinha de explosivo, anárquico e incontrolável. Foi a primeira pessoa de que se tem notícia em Nova York (quiçá no mundo) a usar roupas rasgadas e cabelos espetados. A sua camisa com a inscrição "Mate-me por favor" virou até título de livro sobre a cena pré-punk nova-iorquina. *Junkie* até não poder mais, ele era um daqueles adeptos da diversão a qualquer custo e não demoraria a bater de frente com o centralista Verlaine — logo foi substituído no Television por outro baixista, Fred Smith, antes da gravação do primeiro (e clássico) disco da banda, *Marquee Moon* (77). Mais que do punk, este vinil acabou sendo a base de toda uma vertente do novo rock — a new wave — que surgiria a partir de outras bandas que tocavam no CBGB, como os Talking Heads e o Blondie. Pois bem. Depois do pé-na-bunda, Hell saiu com suas composições debaixo do braço e chegou a tocar um tempo com os Heartbreakers, banda que Johnny Thunders formou depois do fim dos New York Dolls. Mas logo estaria montando seu próprio grupo — os Voidoids —, com o qual acabaria por lançar, também em 77, mais um daqueles discos fundamentais para o punk (mais em termos poéticos que sonoros): *Blank Generation*. Era a geração-lacuna, um conceito que exprimia aquela juventude de Nova York e ainda iria bater em cheio em Londres. Niilismo e alienação: idéias para um novo tempo que não tardaria a chegar.

Das ruas de Nova York viria enfim o elemento catalizador do punk. De um lado, Dee Dee, michê, traficante e viciado. De outro, Joey, problemático garoto de classe média com passagens por hospitais psiquiá-

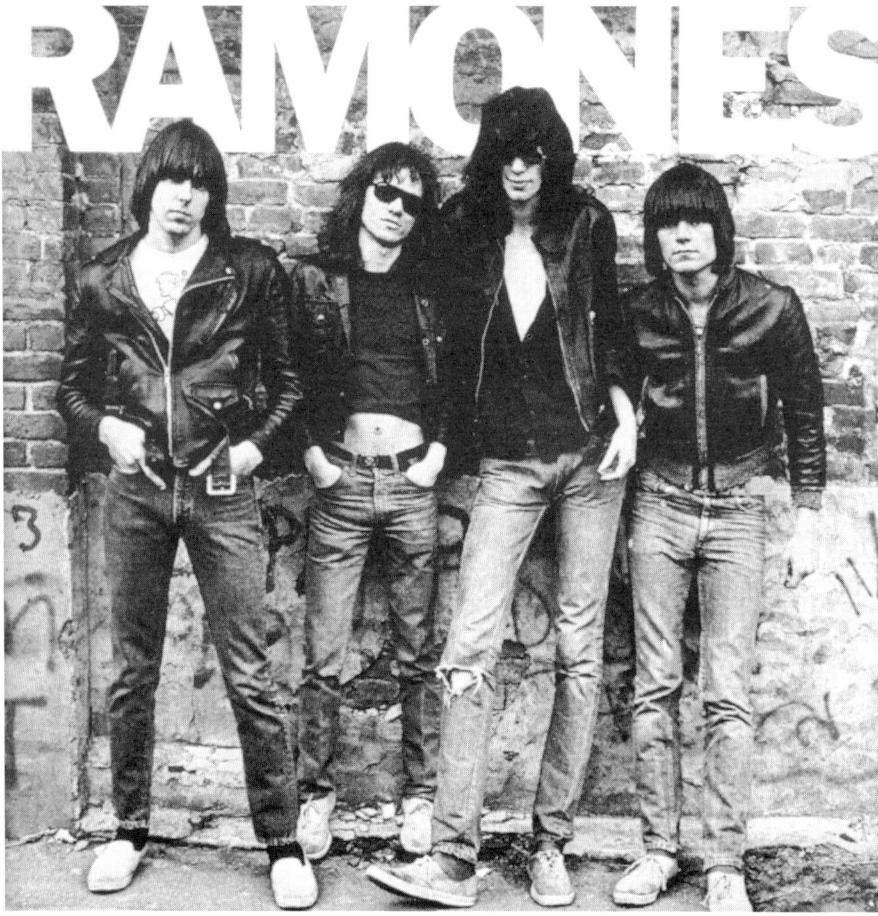

Na capa de seu lendário primeiro disco, Johnny, Tommy, Joey e Dee Dee — os Ramones — antecipam a imagem que o punk teria nas décadas seguintes.

tricos e uma fixação por *glam rock*. Em comum, a vontade de montar uma banda. O primeiro pegou, canhestramente, um baixo. A guitarra ficou com um amigo dos dois, Johnny. Joey tentou tocar bateria e não conseguiu, passando a tarefa para o agregado Tommy. Os quatro tentaram ensaiar canções conhecidas e que não fossem muito difíceis. Mais fracasso. Então começaram a compor algo que conseguissem tocar. O som que saiu dali iria abalar gerações: Ramones. A guitarra era uma sujeira só. A bateria, tocada num andamento rápido, nunca se havia ouvido antes. As canções, de três acordes, pareciam um tosco resumo da história do pop radiofônico — Beach Boys, Motown, bubblegum... Já as letras variavam entre a pura negação adolescente ("Não quero andar com você", "Não quero descer ao porão"), a apologia da violência ("Beat on the Brat" — "porrada no fedelho") e a louvação das drogas ("Chinese Rocks"). Uma vez no palco do CBGB, foi um sucesso — nunca o rock tinha ido a esse extremo de crueza e caricatura. As músicas pareciam uma só e começavam com o baixista gritando "*one, two, three, four*", como para que a banda não saísse do andamento. E os shows duravam no máximo 20 minutos, porque os músicos só sabiam tocar oito canções. Um dia, Joey, Johnny, Dee Dee e Tommy adotaram o sobrenome Ramone e acabaram virando uma espécie de personagens de histórias em quadrinhos. Com suas calças rasgadas, casacos de couro, cabelos compridos mas malcuidados e a pose de quem não está nem aí para nada, eles podem ser considerados a primeira banda punk de todos os tempos. A imagem, quase religiosa em sua clareza, está na capa do seu primeiro LP, *Ramones*, de 1976.

Numa época em que bandas como o Fleetwood Mac gastavam anos e meio milhão de dólares para fazer um só disco, os Ramones gravaram o seu em uma semana, por ridículos US$ 6.400. De fato houve bandas que gravaram e ainda gravariam os seus por bem menos (o Nirvana se gaba de ter gastado US$ 600 com *Bleach*), mas não uma obra-prima do rock, reconhecida em 1995 pela revista *Spin* como o álbum de rock alternativo mais importante de todos os tempos. Para divulgar este disco, os quatro *irmãozinhos* foram à Inglaterra fazer alguns shows, onde eram esperados por toda uma juventude perdida que ainda daria o que falar — Johnny Rotten e Sid Vicious na primeira fila. Os Ramones foram a ponta de lança na Inglaterra de toda uma idéia que, a essa altura, já tinha sido quase toda ela concebida. Cabelos, som, roupas, comportamento e até um termo com o qual toda essa história pudesse ser embalada e vendida. Pois este nasceu, naturalmente, na conturbada e empobrecida Nova York de 1975.

Com um ódio pelos hippies que só se igualava em intensidade ao amor por TV, *junk food* e rock n' roll, o adolescente Legs McNeil resolveu montar, junto com o amigo cartunista John Holmstrom, uma revista para falar daquilo tudo de que gostava. Pensou em chamá-la de *Teenage News*, mas achou o nome bobo. Queria uma opção de leitura para garotos como ele, "que faziam festas quando os pais não estavam e destruíam a casa, que roubavam carros para se divertir". Nisso, o nome veio cristalino: *punk*. Lou Reed (retratado na capa em hilariante caricatura) e os Ramones foram os entrevistados do primeiro número, que, anunciado em cartazes em Nova York, lançou a palavrinha mágica e subversiva ao mundo. Na época, *punk* era o termo que os policiais da TV, como Kojak, usavam para chamar os bandidos insignificantes, ou os professores para ralhar com os alunos imprestáveis. Tudo o que a maioria hipócrita considerava errado era *punk*. Na língua inglesa, a palavra remonta a Shakespeare, com significado igualmente negativo: prostituta.

Muito se poderia dizer sobre aquelas quatro letras que detonaram uma revolução — as histórias mais heróicas e romanceadas possíveis. Mas a melhor frase parece ser a que veio de William Burroughs, já ancião mas ainda *junkie*, quando informado sobre aquela provocativa onda nova-iorquina: "Sempre pensei que punk fosse alguém que desse o rabo". Nem mesmo dos seus pais o novo movimento merecia respeito. Ainda bem!

2. OS SEX PISTOLS — AS FLORES NO LIXO

Enquanto isso, do outro lado do Atlântico, o antigo império-onde-o-sol-jamais-se-põe estava mais próximo que nunca do crepúsculo. Em julho de 1975, o desemprego chegava a seu nível mais alto desde a Segunda Guerra Mundial. Londres era uma cidade econômica e socialmente falida, com brigas de gangues e explosões de intolerância racial e social alimentadas pelo reacionarismo dos tablóides sensacionalistas. Como se não bastasse, os atentados do Exército Republicano Irlandês (IRA) punham o Reino Unido inteiro de cabelos em pé. Era um tempo de medo, de covardia e de hipocrisia. Na política, começava a ganhar vulto o fenômeno Margaret Thatcher (que lideraria a vitória dos conservadores sobre os trabalhistas em 1979), com um discurso que aliciava a classe média para as políticas de exclusão. Os jovens, normalmente inconformados, ganhavam ainda mais razões para não compactuarem com o estado de coisas. Thatcher era o inimigo a ser combatido — a força do dinheiro, dos velhos e da situação. No rock, o panorama não era muito mais animador. Tempos de hegemonia do chamado som progressivo. Yes, Rick Wakeman, Pink Floyd e Genesis com seus discos conceituais e seus concertos mastodônticos — o império do virtuosismo e das toneladas de equipamento criando um mundo parelelo, entorpecido e definitivamente escapista. Nada mais inoportuno, porque o que a Inglaterra vivia na carne era o mais puro pesadelo — ela praticamente gritava pela chegada do punk. Mas, para entender o evento cultural no qual o país encontrou seu espelho naquele 1975, é preciso voltar no tempo para conhecer a história de seus protagonistas.

De todos os malucos que a contracultura semeou pelo país, Malcolm McLaren era, sem dúvida, um dos mais ambiciosos. Garoto mimado, criado sob a saia da avó, ele contava 22 anos em maio de 68, quando eclodiu a rebelião dos estudantes parisienses. Cabeça fervilhando com todos aqueles slogans franceses ("Exija o impossível", "A imaginação no poder") e algumas idéias anarquistas (de Pierre-Joseph Proudhon, que pregava no século XIX serem os homens capazes de viver harmoniosamente sem governo), ele se juntou a um grupo de performáticos inspirados por uma corrente filosófico-artística chamada Situacionismo. Primeira ação da turma: armar uma divertida confusão em uma loja de departamentos de Londres. Era o Natal de 68. Em número de 25, os militantes (um deles convenientemente vestido de Papai Noel) pegaram brinquedos das estantes e saíram distribuindo-os entre as crianças que passavam. Não demorou muito, a polícia pôs os gaiatos para correr, acabando com a alegria da molecada. Palhaçada pura — mas, para Malcolm, foi um dos primeiros ultrajes entre os vários que, para o bem ou para o mal, tornaram sua biografia digna de nota. Já casado com Vivienne Westwood, ele ainda tentou fazer um filme de vanguarda, *Oxford Street*, sobre a rua londrina. Mas o espírito de criador de modas e manipulador de tendências só iria ter resultados concretos a partir de 1971, quando ele decidiu alugar, em parceria com a mulher e o amigo Patrick Casey, o ponto de uma lojinha de roupas no 430 da King's Road, em World's End — o fim do mundo, literalmente. Incrustada na periferia de Londres, esta área ficou assim conhecida porque, no século XIII, era onde a cidade acabava. Uma coincidência mais do que sintomática para o nascimento do punk na Inglaterra.

A loja, que se chamava Paradise Garage, foi rebatizada de Let It Rock. Estranha para uma época em que os hippies dominavam o cenário, ela buscava um consumidor identificado com a mitologia inicial do rock — os casacos de couro de *O Selvagem*, principalmente. Fissurado por essa cultura rockabilly, que teve sua tradução inglesa em astros como Billy Fury, Malcolm acabou atraindo para o balcão os Teddy Boys, uma minoria suburbana de Londres que permanecia ligada àqueles símbolos e àquele estilo de vida dos anos 50. Tudo ia tranqüilamente para ele até a histórica viagem com Vivienne a Nova York em 73 e a descoberta dos Dolls, uma espécie de realização de suas idéias rock. O impacto do cenário nova-iorquino — badalações com Andy Warhol e tudo mais — foi enorme para o casal. A estilista começou a partir para criações mais autorais, desenvolvendo um conceito mais ousado de moda, com mais couro preto (dos trajes sadomasoquistas) e slogans provocativos estampados em camisetas — era o início da grife Sex. Entediado, Malcolm por sua vez só pensava na nova música de NY. Ele percebeu enfim que, além de roupas e estilo, poderia vender também um movimento pop materializado em uma banda de rock. No outono de 74, resolveu que era hora de voltar à cidade. Lá, encontrou os New York Dolls em seu segundo disco (*Too Much Too Soon*), destroçados pelo álcool e pelas drogas, esperando por um abnegado que os empresariasse e os reerguesse da lama. O queijo e a faca na mão, era o que parecia.

Steve Jones, Paul Cook, Vicious e Rotten: a mais caótica formação dos Pistols, organizada depois da saída do baixista Glen Matlock.

As idéias do inglês para a reinvenção da banda eram no mínimo esquisitas. Em lugar do *glam*, o comunismo. Ele providenciou para os Dolls calças vermelhas de vinil, botas de salto alto, foices, martelos... e um sentido político (mesmo que escrachado). Com cerca de 800 dólares investidos na aventura empresarial, levou-os diretamente para uma turnê na Flórida, mas não sem antes pôr o baixista num programa de desintoxicação. De nada adiantou. Em pouco tempo, eram Jerry Nolan e Johnny Thunders que deixavam a banda e se mandavam para Nova York atrás de droga. Perplexo com o fracasso de sua empreitada, ele ainda tentou convencer Syl Silvain a montar uma banda em Londres com um bando de garotos que perambulavam por sua loja — Steve Jones, Paul Cook e Warwick Nightingale, que conheceremos mais adiante. Acabou ficando apenas com a guitarra do Dolls. Antes de voltar a Londres, Malcolm ainda passou novamente por Nova York e assistiu a alguns shows no CBGB. E descobriu, apatetado, a figura seminal de Richard Hell. "Era um cara todo desmantelado, arrasado, parecendo que tinha recém-rastejado para fora de um bueiro, parecendo que estava coberto de lodo, parecendo que não dormia há anos, parecendo que não se lavava há anos e parecendo que ninguém dava a mínima para ele", disse. Sem a menor cerimônia, o futuro introdutor do punk na Inglaterra se apropriou das roupas rasgadas, do cabelo espetado e de toda idéia da *blank generation* de Hell para criar sua própria banda em Londres: os Sex Pistols.

Apesar de muitos acharem que foi McLaren que arregimentou os Pistols, a verdade é que Cook, Jones e Nigthingale ensaiavam juntos desde o começo de 73. A banda se chamava The Strand (nome tirado de uma canção do Roxy Music) e tocava com um excelente equipamento que havia sido *ilegalmente desapropriado* em vários pontos de Londres. Acontecia que, além de (mau) vocalista, Steve Jones também era, aos 17 anos de idade, um sonho dourado de delinqüência juvenil. Ex-skinhead (na época, o termo designava uma espécie de *hooligan*, apesar da já forte tendência política para a extrema direita) e fã de Rod Stewart, ele chegou ao ponto de roubar uma mesa de som e vários microfones depois de um show que David Bowie fez, no auge da fama, no Hammersmith Odeon. Paul Cook na bateria, Warwick Nightingale na guitarra e amigos cobrindo as funções de baixista e organista, The Strand optou por um tipo de rock simples e energético, como o do Small Faces, do Kinks e de outras bandas dos anos 60. Aos poucos, os músicos foram desertando, até sobrar apenas o trio inicial. Foi nessa época, já em 1974, que Jones convenceu McLaren a ir vê-los. O cenário que o ex-empresário dos Dolls encontrou era desolador (os vocais eram realmente péssimos) e só o animou quando os rapazes resolveram tocar sua versão de "Wild Thing", rock mais do que básico dos Troggs, banda americana dos anos 60, posteriormente detectada também como influência punk.

Interessado, mas ainda sem saber exatamente o que fazer do Strand (que, apesar de tudo, compartilhava de suas idéias roqueiras), o empresário sugeriu que o trio arrumasse um baixista fixo. Tinha até o candidato: Glen Matlock, quieto atendente do Let It Rock. Apesar de nada bandido (assim como McLaren, vinha de uma classe social mais alta e tinha cursado escola de arte), ele se entendeu bem com a banda — e trouxe um lado mais musical e pop, que iria se revelar muito útil quando teve que compor as primeiras músicas dos Sex Pistols. Juntos, os quatro seguiriam tocando aquele rock primário, que por sinal começava a renascer na Inglaterra, graças a uma onda de bandas de pubs como o Dr. Feelgood e também à chegada ao país das primeiras coletâneas *Nuggets*. Na volta dos Estados Unidos, em 75, Malcolm começou a olhar com mais atenção para a sua banda de estimação. Deu-se conta de que Steve Jones era um fracasso vocal, mas gostava de sua química com Paul Cook. Tentativa de solução: tirou-lhe o microfone e deu-lhe em troca a Gibson Les Paul que havia ganhado de Silvain, na esperança de que aprendesse alguns acordes. Confiava que, assim como os garotos que havia visto no palco do CBGB, em breve ele estaria convertendo sua energia juvenil em música. E não demorou mais que seis meses para que Jones se tornasse um guitarrista — logo Warwick estava rumando, contra sua vontade, para o chuveiro.

Ficava faltando um vocalista, mas não poderia ser qualquer um. Uma coisa estava clara desde o princípio para Malcolm: qualquer que fosse a banda que ele iria moldar para o sucesso, ela teria uma só função: promover a sua nova loja, a Sex. O conceito desse empreendimento *fashion* era uma coleção de provocações, muitas delas roubadas de Nova York. Sadomasoquismo, símbolos nazistas (que eram usados por uma importante banda pré-punk daquela época, os Dead Boys, de Cleveland), anarquismo, homossexualismo... tudo que fosse capaz de ofender e revoltar as pessoas. E poucos naquela época seriam mais ofensivos e revoltantes que John Lydon, um repulsivo rapaz de 19 anos, que havia tido meningite aos oito e que, desde então, não conseguia se livrar da sensação de que era "diferente de tudo". Capaz de expulsar de seu convívio boa parte das pessoas com seu mau humor e sua falta de higiene, o tímido Lydon entrou na adolescência com o cabelo insuportavelmente comprido. Odiava a escola. Em 1975, resolveu radicalizar seu visual: cortou o cabelo bem

Joãozinho Podre, a anarquia cuspida na cara do público
através de uma caricatura barulhenta do rock.

curto e o pintou de verde (algo nascia aí). Com esse esdrúxulo visual, aditivado por uma camiseta na qual escreveu com letras toscas "Eu odeio Pink Floyd", ele foi apresentado em agosto daquele ano, num pub de King's Road, a McLaren, Jones e Cook. Impressionado, o empresário fez o convite para que o rapaz cantasse em sua banda. Resposta (típica): "Só se for fora do tom e, de qualquer forma, vou tocar violino".

Lydon, porém, concordou em fazer um teste. No fundo da Sex havia uma jukebox. Pôs para rodar o disco com "Eighteen", de Alice Cooper e, com um cano de chuveiro na mão, começou a grunhir e a improvisar uma letra indecente com sua voz anasalada, acrescentando à performance uma expressão corporal que lembrava a de uma dançarina do ventre corcunda. Todos caíram na gargalhada, mas McLaren viu naquele rapaz o futuro. O já aprovado vocalista foi convidado para um ensaio da banda. Na hora e no local marcados, só ele apareceu — mais uma razão para ficar fulo da vida, já que, desde o começo, não gostava de nenhum dos três Pistols. E mesmo o tipo de música que eles faziam lhe parecia insignificante. Lydon era apreciador de bandas experimentais como Hawkwind, Captain Beefheart e os alemães do Can, além de reggae (principalmente o dub, sua versão mais psicodélica). Mesmo assim, resolveu investir naquela oportunidade que aparecia para explodir o mundo do pop. E, de quebra — depois se veria —, tornar-se uma de suas figuras mais polêmicas, contraditórias, idolatradas e menos compreendidas.

O repertório dos primeiros ensaios da banda, em outubro de 1975, era composto por canções do Small Faces ("All or Nothing", "My Mind's Eye"), The Who ("Substitute") e mais alguns rocks de garagem. Logo, Malcolm viu que era hora de os quatro começarem a compor suas próprias músicas — a não ser que quisessem ficar eternamente como uma banda de pubs. Do pirado católico Lydon vieram as primeiras letras, prontamente musicadas por Matlock: "Seventeen" e "Pretty Vacant". Do empresário, por sua vez, veio o nome definitivo da banda: The Sex Pistols. Sex, porque tinha que ter algo a ver com a loja. Pistols (pistolas), porque tinha que ser algo revoltante, que fizesse a ligação do sexo com o crime. E de Steve Jones veio o novo nome do vocalista: Johnny Rotten. John estava sempre cuspindo, assoando o nariz e cutucando seus dentes terminalmente cariados. "Seus dentes estão podres, você parece podre", disse o guitarrista certa vez, talvez sem imaginar que estaria batizando um mito do rock. Estava tudo pronto então para que a banda fizesse a sua estréia nos palcos. E ela aconteceu no dia 6 de novembro de 1975 no St. Martins's College, como show de abertura de um grupo chamado Bazooka Joe.

O que aconteceu lá, poucos estavam presentes para contar. Um deles era um sujeito chamado Stuart Goddard, que mais tarde seria conhecido pela alcunha de Adam Ant, e na época era integrante do Bazooka. Segundo ele, aqueles tais Pistols pareciam uma gangue, com roupas deliberadamente estranhas. Com toda a incompetência que lhes era peculiar, eles tocaram uma espécie de caricatura violenta de rock, sem solos ou demais firulas instrumentais. O vocalista avacalhava com as letras das músicas e cuspia no público. O show durou apenas cinco músicas. No fim, Lydon xingou os integrantes do Bazooka Joe, sendo obrigado pelo guitarrista deles a pedir desculpas. No fim de tudo, ninguém aplaudiu. Ou seja: não poderia ser mais bem-sucedida a estréia dos Sex Pistols. Os shows que se seguiram provocaram quase sempre o mesmo tipo de reação, em uma proporção entre o público que o jornalista Jon Savage dividiu em "50% de indiferença, 25% de hostilidade, 20% de hilariedade e 5% de empatia imediata". O que significa que havia sempre uma ou duas pessoas que seriam tocadas pela mensagem feroz daquela banda. Que descobririam não estarem sozinhas no mundo, enfim vendo alguém dizer e fazer tudo o que elas queriam dizer e fazer. Que, como Stuart Goddard depois daquele show no St. Martin's College, largariam tudo e começariam a criar sozinhos sua própria música.

Ao longo dos primeiros shows, o número de seguidores aumentava lenta, mas fervorosamente. Um deles, Simon Barker, contou à amiga Susan Janet Balion (Siouxsie Sioux para os íntimos, mais tarde a vocalista do Siouxsie & The Banshees) sobre aquela banda estranha mas excitante e ela, por sua vez, contou a mais alguns amigos — surgia assim o Bromley Contingent, primeira turma de seguidores dos Pistols. Subúrbio a 20 minutos de trem do centro de Londres, Bromley era onde aqueles dois fãs de Bowie e Roxy Music moravam. Um lugar que eles detestavam com todas as suas forças e do qual tentavam se esquecer com a ajuda daqueles revolucionários. Não seriam os únicos a serem acordados para a ação pelos Sex Pistols. A Inglaterra daquela época, como cantaria a banda em "God Save the Queen", era uma bomba H prestes a explodir em tensão social — Rotten e cia. eram o estopim perfeito. E o passo decisivo para que a reação em cadeia se processasse era o encontro do punk com a mídia. E ele não tardaria a acontecer, dando origem a um dos fenômenos mais decisivos da cultura de massa.

Com cerca de uma dúzia de caóticos shows underground nas costas, os Sex Pistols tiveram a oportunidade de abrir um show do Eddie & The Hot Rods (outra famosa banda de pubs da época, que depois acabou pegando carona com o punk) no Marquee. Era 12 de fevereiro de 1976. No meio do show, John Lydon foi para o meio do público, jogou Jordan (balconista da Sex) no chão e começou a quebrar o equipamento da banda principal. A performance valeu à banda seu primeiro registro no jornal *New Musical Express* — uma reportagem de Neil Spencer, com o título "Não olhe para trás porque os Sex Pistols estão chegando". Em mal-humorada entrevista, Steve Jones disse ao repórter a frase que iria se tornar uma das mais célebres da história do punk: "Não lidamos com música (...) Lidamos com caos". Dois dias depois, mais confusão (e propaganda) em show na festa Valentine's Ball, realizada no estúdio de Andrew Logan. Completamente fora de si e deste planeta (resultado de uma ingestão de quantidades absurdas de ácido e anfetamina), Lydon resolveu rasgar toda a roupa de Jordan no palco. Quando seu microfone falhou, ele simplesmente começou a quebrá-lo, provocando uma briga entre os donos do equipamento e a turma de apoio da banda. Enquanto isso, ia cantando "No Fun" (dos Stooges) rumo ao infinito.

O caminho dos Pistols não tinha mais volta. No dia 30 de março, a banda se apresentou no 100 Club, na Oxford Street. Bêbado, o vocalista a toda hora esquecia as letras. Interpelado pelo baixista, ele se aborreceu, parou o show e foi para o ponto de ônibus mais próximo decidido a voltar para casa. Possesso, Malcolm McLaren passou-lhe um antológico sabão e ele, comportadíssimo, voltou ao palco e continuou o show por mais um bom tempo. Já em 3 de abril, quando os quatro tocavam no Nashville, Joe Strummer, guitarrista da banda de abertura, os 101-ers, ficou tão impressionado com o que viu que decidiu largar tudo — em breve estaria formando o Clash junto com o amigo Mick Jones. Dia 23, no segundo show dos Pistols no Nashville, uma briga estourou. Vivienne Westwood subitamente bateu numa garota. O namorado dela quis revidar, Malcolm veio tirar satisfações... e tudo veio a baixo (depois, a estilista admitiria que bateu na moça de graça, simplesmente porque teve vontade). Naquela noite, Lydon mais uma vez decidiu deixar a banda, tendo que ser novamente convencido por McLaren.

Essa era a rotina dos Sex Pistols em seus primeiros dias. Outros escândalos se seguiriam. No show de 29 de junho, o vocalista resolveu incorporar o Iggy Pop apagando cigarros nas costas da mão. Mas quem se machucou de verdade foi o jornalista Nick Kent, do *New Musical Express*, agredido com uma corrente por Sid Vicious, nessa época, um dos integrantes mais entusiasmados do Bromley Contingent. Tal era o nível de agitação de Sid nesses primeiros shows dos Pistols que, mais tarde, seria apontado como o inventor da dança punk, o pogo, que consiste em pular no mesmo lugar, já que não dava para dançar de outra forma, de tão apertados que eram os clubes. Em setembro, quando a banda realizou suas primeiras (e caóticas) apresentações em Paris, chegou a vez de Siouxsie causar escândalo, vestindo camisetas com a suástica ou então sutiãs transparentes. Sid voltou a aprontar no mesmo mês, quando quebrou uma garrafa e um dos cacos atingiu o olho de uma menina. Dessa vez, ele foi em cana e apanhou feio dos policiais.

A primeira turnê dos Sex Pistols pela Inglaterra, com os músicos tendo que se suportar uns aos outros apertados numa van, teve uma vantagem: apresentou-os a muitas almas gêmeas das cidades do interior que logo estariam formando suas próprias bandas, não importando em que estágio de competência musical estivessem (não ligar para isso, aliás, foi a grande lição dos Pistols). Gente como Howard Devoto e Pete Shelley (do Buzzcocks), Morrissey (presidente de um fã-clube dos New York Dolls que nos anos 80 fundaria os Smiths), e Ian Curtis e Peter Hook (do Warsawa, depois Joy Division e, depois da morte de Curtis, New Order), isso para ficar só em Manchester. Ao mesmo tempo, outras bandas de Londres identificadas com os Pistols (e, de quebra, com o punk) começavam a fazer seus shows da maneira que conseguissem — Clash, Damned (que lançou o primeiro *single* punk, *New Rose*), Buzzcocks, Vibrators, Siouxsie & The Banshees... Surgia enfim uma cena. Enquanto isso, banidos de uma série de clubes no país, Joãozinho Podre e seus amiguinhos despertavam um interesse cada vez maior por parte da imprensa, interessada em decifrar aquele fenômeno e vendê-lo como notícia a seus ávidos leitores. Em pouco tempo, os jornalistas teriam material de sobra para escrever sobre os Pistols. A começar por uma música, que estava na fita gravada pela banda em julho. Uma música que provocaria uma irreparável rachadura na música pop mundial: "Anarchy in the UK".

Setembro de 1976. Depois de liderar o primeiro festival punk da história, os Sex Pistols estavam na crista da onda, atraindo as atenções de todas as gravadoras da Inglaterra. No mês seguinte, acertado um acordo que previa o pagamento de 20 mil libras imediatamente e outras 20 mil um ano depois, a banda assinou contrato com a EMI. Sabotando as inúteis intenções de ter uma faixa pop no primeiro *single*, os músicos, junto com Malcolm, escolheram "Anarchy", que, em sua nova gravação, teve produção do veterano Chris Thomas (pequena curiosidade: o primeiro nome que o empresário cogitou para realizar a tarefa foi o de Syd Barrett, o gênio enlouquecido do Pink Floyd). Thomas deu aos Pistols um som

Apertem os cintos, o piloto sumiu e os Sex Pistols estão no controle
da aeronave anteriormente conhecida como música pop.
O destino, senhores passageiros? Ninguém poderia imaginar.

demolidor, imitando o conceito de *parede de som* do americano Phil Spector, ao gravar várias guitarras uma em cima da outra, até 21 vezes. Assim, perto de "Anarchy in the UK", cujo compacto chegou às lojas no dia 27 de novembro, todas as canções pré-punk começaram a parecer coisa de criança. Foi uma grande jogada de McLaren para fazer a entrada da banda no mercado de forma arrasadora e inesquecível. Guitarras à frente, num riff dos mais poderosos, a canção ainda tem Lydon fazendo escorrer ácido sulfúrico por cima de uma letra política e iconoclasta como nunca se havia ouvido antes:

> *I am an Antichrist / I am an Anarchist / Don't know what I want but I know where I'll get it / I wanna destroy the passer by / 'Cos I wanna be Anarchy*

> *Eu sou um anticristo / Eu sou um anarquista / Não sei o quero, mas sei onde vou conseguir / Eu quero destruir os passantes / Porque eu quero ser anarquia*

Numa só estrofe, os Pistols conclamavam o terror político, religioso e social. Nas estrofes seguintes, Lydon ainda proclamava que "seu sonho futuro é um esquema do shopping" (lembrando a ação de Malcolm e os situacionistas anos antes), atacava o *New Musical Express* (o semanário de rock de maior vendagem na época, cuja sigla, lida em inglês, soa da mesma forma que "inimigo") e citava o Movimento Para Libertação de Angola (MPLA), a Associação de Defesa da Irlanda do Norte (UDA) e o maior adversário desta, o Exército Republicano Irlandês (IRA). A letra termina como o verso "Get pissed, destroy!" (Fique puto, destrua!). Tudo isso numa canção pop que supostamente deveria tocar no rádio junto com as dos Bay City Rollers (o típico grupo adolescente-fabricado de então). Ciente da encrenca em que tinha se metido, a EMI preferiu nem divulgar aquele disquinho para o qual haviam sido feitos cartazes com um bandeira britânica toda trespassada por alfinetes de segurança. A idéia dessa "obra de arte" foi de Jamie Reid, o designer da banda, responsável também pela anárquica tipologia dos logotipos e dos textos, inspirada nas cartas de seqüestros, com letras recortadas das mais diferentes revistas. Como era de se esperar, o *NME* esculhambou "Anarchy". "Johnny Rotten canta chapado, a canção é risivelmente ingênua e a impressão geral é a de uma imitação de The Who de terceira categoria", escreveu o crítico Cliff White. Ou seja: os Pistols tinham tudo para ir lentamente rumo ao ostracismo. E certamente iriam, não fosse um desses acasos que acabam por provocar as maiores reviravoltas na história. No caso, o simples fato de o Queen, de Freddie Mercury, ter cancelado sua participação no *Today*, programa de entrevistas do Thames, uma TV local de Londres, apresentado pelo desagradável Bill Grundy.

Foram 100 segundos que sacudiram a cidade (e mais tarde o país, o mundo). Imagine um desses programas de entrevistas amenos, transmitidos na hora do chá. Sem outra opção, um típico apresentador de meia-idade tem que entrevistar uma banda que não conhece (arrumada em cima da hora pela gravadora da outra que deu o cano), mas que, ao menos, tem um nome agressivo, ameaçador. O caminho mais fácil para garantir alguns minutos de diversão para as famílias que assistiam ao seu programa seria fazer alguma graça com os garotos. Só que ele não sabia com quem estava lidando. Naquele 1º de dezembro de 1976, Lydon, Jones, Matlock e Cook foram à TV acompanhados de alguns integrantes do Bromley Contingent (entre eles, Siouxsie). O papo começou manso, com Grundy perguntando se eles não achavam que todo o dinheiro que receberam da EMI ia contra o "estilo de vida antimaterialista". "Não, quanto mais melhor", respondeu o definitivamente não-hippie Glen Matlock. O negócio começou a tomar rumos perigosos quando Siouxsie, marota, confessou ao apresentador que sempre quisera conhecê-lo pessoalmente. "Verdade?", perguntou ele. "Sim", respondeu ela. "Vamos nos encontrar depois, não?", provocou então Grundy, malicioso. Para quê! Steve Jones tomou a palavra, iniciando o diálogo que chocaria Londres:

> — Seu desgraçado sujo! Seu velho sujo!
>
> — Bem, vamos adiante, chefe, vamos adiante. Vamos, você ainda tem dez segundos. Diga alguma coisa ultrajante!
>
> — Seu bastardo sujo!
>
> — Vamos lá, mais uma!
>
> — Seu fodedor sujo!
>
> — Que rapaz inteligente!
>
> — Seu babaca fodido!

O programa acabou por aí, com o apresentador anunciando que voltaria no dia seguinte (não voltaria, suspenso por duas semanas pelo "flagrante erro de julgamento") e os créditos rolando. O PABX da emissora foi imediatamente inundado por chamadas de indignados telespectadores. Steve e Siouxsie ainda atenderam a algumas delas. "Aqui é do

Thames. Desligue essa porra desse telefone, seu velho estúpido!", era a *polida* frase-padrão da dupla. A reação veio no dia seguinte — com seu inesperado show televisivo, os Sex Pistols haviam conseguido não só se tornar anticelebridades nacionais, como estampar a palavra *punk* nas primeiras páginas de alguns dos mais importantes jornais londrinos. Com a hoje histórica manchete "A imundície e a fúria", o conservador *Daily Mirror* abriu um artigo sobre aquele grupo pop que "chocou milhões de pessoas com a linguagem mais abjeta que já havia sido ouvida na televisão inglesa". De quebra, ainda relatou a história do motorista de caminhão James Holmes, de 47 anos, que, possesso ao ver o que a TV exibia para seu filho de oito anos, quebrou o aparelho com um chute. A vida dos Pistols seria totalmente diferente a partir daí. Para muitos, foi o começo do fim da banda e do punk. Para o mundo, foi a oportunidade de se deixar contaminar pelas idéias avassaladoras daqueles jovens, mesmo que pela via sensacionalista dos tablóides. Quem melhor resumiu a ópera foi o bronco Steve Jones: "Antes, era apenas música. No dia seguinte, era mídia".

Violência e incompreensão perseguiram os Sex Pistols do dia 2 de dezembro de 1976 até o seu fim. A imprensa nunca mais deixou os calcanhares de seus integrantes, dando razão a muitos dos que dizem hoje que, ao longo de sua história, a banda vendeu muito mais jornais do que discos. Se para os Pistols os agressivos recortes de jornal daquele fatídico dia acabaram servindo como peça publicitária, para a EMI representaram o fim da linha. Em pouco tempo, ficou claro que o contrato iria ser rompido unilateralmente pela gravadora (apesar de "Anarchy in the UK" ter chegado ao 43º lugar da parada inglesa). A banda seguia correndo o país com sua *Anarchy Tour* (ao lado do Clash, Damned e dos Heartbreakers, de Johnny Thunders), mas não conseguia tocar, já que as apresentações eram canceladas por causa da imagem perigosa cultivada a partir da aparição no programa de Bill Grundy. McLaren decidiu então radicalizar, instigando os Pistols a investirem ainda mais em sua imagem de imprevisíveis arruaceiros. Em meio a notícias de que a banda teria vomitado e cuspido no aeroporto de Heathrow, em Londres, a EMI encerrou enfim o contrato em 6 de janeiro de 1977. Seis dias depois, John Lydon passou uma noite na cadeia depois de ser preso por posse de anfetamina.

Se houve algo mais decisivo para tirar os Sex Pistols do mal pisado campo da música e jogá-los totalmente no do caos, foi a saída de Glen Matlock, em fevereiro de 77, pelo simples fato de que não tinha mais estômago para trabalhar com Lydon. Uma das histórias mais famosas é

Sid Vicious: um anjo caído em rota de colisão com um mundo incapaz de compreendê-lo.

que ele teria sido expulso "porque gostava dos Beatles" (o que não fica assim tão longe da verdade, tal a rejeição do vocalista). Qual foi então a sensacional idéia de Malcolm McLaren? Recrutar Sid Vicious (que nunca havia tocado baixo) para o seu lugar. Quando a imprensa descobriu que os Pistols estavam ensaiando com o novo integrante, o empresário ainda tentou voltar atrás, oferecendo o emprego de volta a Matlock — que se recusou terminantemente a voltar. Enquanto isso, a banda era cortejada pelas gravadoras. Enfim McLaren se decidiu pela A&M, selo que enriquecia graças às excelentes vendagens de Peter Frampton, Supertramp e Rick Wakeman — ou seja, a face mais conservadora do rock daquele meado de década. O novo contrato foi assinado pelos Pistols no dia 10 de março, em frente ao Palácio de Buckingham. Era apenas o começo da provocação. Dentro de algumas semanas, a rainha Elizabeth estaria completando 25 anos no trono — um jubileu que, esperavam os governantes, iria trazer um pouco de distração (e torpor) para o povo desiludido com a péssima situação sócio-econômico-espiritual do país. Não imaginava ela o presente que os Sex Pistols lhe preparavam.

Antes mesmo da assinatura do contrato, uma coisa já era certa para Malcolm — o primeiro compacto seria uma canção chamada "No Future", que começou com um riff furioso de Matlock e acabou de ser composta por Jones. Lydon iniciou a letra pela frase "God Save the Queen" e o resto da letra veio de uma vez só, como um vômito. Tão boa era a frase que ela acabou virando o título definitivo da música — tinha tudo a ver com os planos do empresário para o jubileu. Explosivas rufadas de caixa de Cook, a sempre encorpada guitarra de Jones (mais uma vez a produção era de Chris Thomas), "God Save the Queen" saiu das prensas da A&M pronta para encher de cianureto o chá da Rainha a bordo da voz desafinada e desafiadora de John Lydon:

> *God save the queen — And the fascist regime / It made you a moron — A potential H bomb / God save the queen — She's not a human being / There is no future — In England's dream / / (...) // God save the queen — Tourists are money / Our figure head — Is not what she seems / God save history — Save the mad parade / Lord have mercy — All crimes are paid // When there's no future how can there be sin? / We are the flowers in the dustbin / We are the poison in the machine / We are the romance behind the screen // God save the queen — We mean it man / We love our queen — God save*

Deus salve a Rainha — E o regime fascista / Ele o tornou um imbecil — Bomba H em potencial / Deus salve a Rainha — Ela não é um ser humano / E não há futuro — Nos sonhos da Inglaterra // (...) // Deus salve a Rainha — turistas são dinheiro / Nossa figura principal — não é o que parece ser / Deus salve a História — salve a parada louca / O Senhor tenha piedade — todos os crimes são pagos // Quando não há futuro, como pode haver pecado? / Nós somos as flores na lata de lixo / Nós somos o veneno na máquina / Nós somos o romance atrás da tela // Deus salve a Rainha — é sério, cara! / Nós amamos nossa Rainha — Deus salve

O refrão era uma conclusão óbvia dos versos: "Não há futuro / Não há futuro para você", repetidos em épico tom de desespero por Lydon. Mais que uma canção pop, "God Save the Queen" foi uma análise da Inglaterra executada com bisturi, a sangue-frio, com uma rude poesia que não dispunha de meios-termos. Um fenômeno cultural daquela juventude desdentada que não fazia parte dos planos da grande Inglaterra, cantado com todo o sotaque *cockney* a que tinha direito. "Johnny Rotten era tão sensacional: o primeiro cantor de rock n' roll inglês de verdade", observou mais tarde o cantor Elvis Costello. Em disco, "God Save" era problema certo quando chegasse às lojas. Mas, antes mesmo que isso acontecesse, os Sex Pistols se encarregaram de criar problemas por si sós. No próprio dia da assinatura do contrato, apareceram na gravadora para a entrevista coletiva completamente bêbados, causando confusão pelos corredores. Depois, Jah Wooble, amigo de Lydon (que tocaria na sua banda pós-Pistols, o Public Image Ltd.), e Sid discutiram num bar com Bob Harris (do programa *Old Grey Whistle Test*), terminando por ameaçá-lo fisicamente. Só que Bob tinha relações indiretas com Peter Frampton, e acabou por *queimar* mais ainda os Pistols na gravadora. Resultado: a tinta do contrato nem chegou a secar. No dia 16 de março (ou seja, menos de uma semana depois da assinatura), a A&M encerrava sua relação com a banda, mandava destruir toda a prensagem e as matrizes do amaldiçoado *God Save the Queen* e deixava Johnny Rotten e sua turma 75 mil libras mais ricos praticamente sem que fizessem esforço. Chutados de duas gravadoras, os Sex Pistols conseguiram virar os inimigos públicos nº 1 da Inglaterra.

Nessa época, Sid Vicious começava definitivamente a trilhar o caminho da autodestruição. Pouco antes da assinatura com a A&M, ele caíra

Momento de calmaria entre os furacões de uma relação. Antes que o amor viesse a dilacerá-los, ei-los: Sid & Nancy.

de amores por uma *junkie* americana que tinha ido a Londres atrás de Jerry Nolan, então nos Heartbreakers: Nancy Spungen. Havia duas coisas pelas quais ela era maníaca: estrelas de rock e heroína. Em Sid, ela achou o primeiro item — e acabou por apresentar a este o segundo. Em abril, depois de uma lua-de-mel interminável com a mulher e a droga, o Pistol teve que passar um mês no hospital, curando-se de uma hepatite contraída por causa da promiscuidade de agulhas e seringas. No leito, só teve a companhia de Nancy, já que o antigo amigo Lydon, desgostoso com seu vício, abandonou-o. Enquanto isso, todas as gravadoras do país fechavam suas portas para os Pistols — exceto uma, a Virgin, que teve seu primeiro *hit* em 72, com o disco *Tubular Bells*, de Mike Oldfield, e depois passou a investir no *krautrock* (rock experimental alemão) e no reggae. A companhia foi construída praticamente do nada por um jovem empreendedor, Richard Branson — o mesmo que no fim dos anos 90, na meia-idade, tentaria dar a volta ao mundo em um balão. A missão que se dispunha a cumprir naquele 77 era bem mais difícil: domar os Sex Pistols e reverter seu potencial para o escândalo em vendas de discos.

O contrato com a banda foi assinado no dia 12 de maio. No dia 27, apesar dos protestos de operários que se recusavam a prensar um disco ofensivo à realeza, chegava às lojas o compacto de "God Save the Queen" — bem na hora para que tivesse chances de atingir as paradas na semana do jubileu, no mês seguinte. Mais problemas: também chocadas, as cadeias de lojas Woolworths, Boots e WH Smith se recusaram a pôr o disquinho em suas prateleiras. Já as TVs Thames e LWT se recusaram a passar o comercial do lançamento. E as rádios baniram a música em nome do "bom gosto" (mesmo assim, John Peel, da BBC, conseguiu tocá-la duas vezes). Mesmo com toda a proibição, em cinco dias, o compacto vendeu 150 mil cópias — o suficiente para que fosse direto ao número 11 das paradas. O punk enfim provava poder ser popular — e pop ao mesmo tempo.

Mais do que as camisas e cartazes anarquizando a imagem da Rainha, faltava um grande evento para coroar de ultraje a campanha de lançamento de "God Save the Queen". No dia 7 de junho de 77 — exatamente quando Elizabeth comemorava 25 anos de coroação — a banda cruzava o Tâmisa a bordo de um barco ironicamente chamado Queen Elizabeth, tocando para os amigos. No pier, a polícia esperava a turma. A festa acabou com uma impressionante interpretação de Lydon para "No Fun". Os Pistols conseguiram escapar, mas onze pessoas (entre elas McLaren) foram presas. A imprensa convenientemente abafou o caso. No entanto, ao fim da semana do jubileu, o compacto dos Pistols estava com 200 mil cópias vendidas. As paradas, porém, posicionavam-no em um suspeitíssimo segundo lugar, atrás de "I Don't Wanna Talk About It, Baba" de Rod Stewart. Os estoques de Richard Branson confirmavam os Pistols no número um — só o resto da indústria não. A justiça tardou. Em 1981, o responsável pela contabilidade das paradas na Inglaterra, John Fruin, acabaria sendo demitido por ter manipulado números de vendagem. Na época, o consolo veio por intermédio de William Burroughs (o velhinho marginal é nosso observador privilegiado dos principais momentos da história do punk): "Enviei uma carta de apoio aos Sex Pistols quando eles lançaram 'God Save the Queen' porque eu sempre disse que o país não merece uma chance até que você tenha 20 mil pessoas dizendo: Foda-se a Rainha!".

Única manifestação séria anti-jubileu, os Sex Pistols tiveram o seu troco das covardes forças reacionárias da Inglaterra, que começaram a pintar os punks como uma ameaça ao Estado. Como impedir que as pessoas comprassem os discos era virtualmente impossível, começaram os ataques físicos perpetrados por anônimos que leram ao pé da letra a manchete do *Sunday Mirror*: "Puna os punks". O primeiro foi a Jamie Reid, que teve uma perna e o nariz quebrados. No dia 19, chegou a vez de Lydon, navalhado na perna (a calça de couro o salvou de maiores danos) e na mão esquerda (que teve dois tendões rompidos) por um bando que cantava: "Nós amamos a Rainha, seu bastardo!". No dia seguinte, Paul Cook recebeu um golpe com uma barra de ferro de um grupo de Teddy Boys. Lydon ainda sofreu mais um ataque, sem maiores conseqüências, no dia 23. Mas pouco depois, quando Sid Vicious ligou, desesperado, dizendo que as ameaças tinham se tornado insustentáveis, McLaren decidiu organizar uma turnê dos Sex Pistols pela Escandinávia. De alguma forma, a banda conseguiu o que queria: o ódio de todos aqueles que ela odiava.

Fora da Inglaterra, os Pistols se divertiam. No aeroporto de Estocolmo, Sid Vicious conseguiu, sem querer, apavorar seus ídolos, as louras Agnetta e Anni-Frid, vocalistas do Abba. Enquanto isso, Malcolm preparava seu plano seguinte: levar a banda para a tela grande. Ela já tinha sido objeto de um documentário, *Number 1*, que trazia uma gravação do programa de Bill Grundy e cenas da parada de comemoração do jubileu da Rainha, mostradas ao som de "God Save the Queen". A fita terminava sarcasticamente com um flagrante dos empregados reais servilmente recolhendo o cocô dos cavalos dos soldados. Na época, com o *Punk Rock Movie* do DJ Don Letts (que na década de 80 integrou o Big Audio Dynamite, de Mick Jones) e o *Jubilee* de Derek Jarman, a revolução punk começava a ganhar seu retrato cinematográfico. Mas o empresário dos Pistols queria algo mais ambicioso que aquilo: entrar para a história da sétima arte em um filme que tinha como personagens os músicos da banda (a carreira dos Pistols em si começava a ficar em um plano secundário de suas preocupações). Em julho, a banda lançou mais um *single*, o da antiga "Pretty Vacant", acompanhado de um clipe que chegou a ser exibido no *Top of the Pops* (o *Globo de Ouro* da Inglaterra) — uma concessão do programa à banda, já que a letra da música não chega a ser tão ofensiva.

Mostrar os Pistols como uma vitória do seu espírito criativo era uma obsessão para Malcolm no projeto de filme *Who Killed Bambi?* (Quem matou Bambi?). Lydon, como era de se esperar, detestou o primeiro *script* — ele se viu representado como um ridículo boneco do empresário, a quem passou a detestar cada vez mais. Em agosto, *Bambi* começou enfim a sair do papel com a chegada a Londres do seu candidato a diretor, o americano Russ Meyer, famoso no circuito do cinema B por filmes como *Faster Pussicat, Kill, Kill*, *Mudhoney* e *Beyond the Valley of Dolls*, divertidas explorações da tríade sexo-delinqüência-rock n' roll. Nesse meio tempo, ficou pronto o primeiro álbum da banda, *Never Mind the Bollocks: Here's the Sex Pistols*. O resultado conseguiu desagradar tanto a Lydon quanto a Malcolm — incessantemente retrabalhado em estúdio por Cook, Jones e o produtor Thomas, o disco parecia ter passado do ponto e perdido sua espontaneidade original. Muitas discussões aconteceram até que se decidisse quais as mixagens que iriam entrar no álbum. Apesar disso, para uma legião de garotos que o ouviu na época do seu lançamento, em 28 de outubro de 1977 (e até bem depois), o impacto foi decisivo — é, sem dúvida, um dos maiores e mais poderosos álbuns da história do rock. "*Never Mind the Bollocks* tem a melhor produção de todos os discos que ouvi até hoje. É totalmente direto e comprimido", confessou certa vez Kurt Cobain. O crucial título (Não dê atenção aos escrotos, aqui estão os Sex Pistols) — um dos grandes acertos do disco, junto com a propositalmente tosca capa — foi dado, em sua maneira bronca, por Steve Jones. Apesar de todo o boicote das cadeias de lojas — novamente Boots, Woolworths e WH Smith —, ele foi diretamente para o primeiro lugar das paradas inglesas. Mas não sem problemas. Por causa do *bollocks* em um pôster promocional de *Never Mind* pendurado numa loja da Virgin, os Pistols esbarraram numa lei de 1899 contra propaganda indecente. A justiça depois decidiu favoravelmente à banda.

Na época, o filme de Malcolm não teve a mesma sorte do disco, ca-

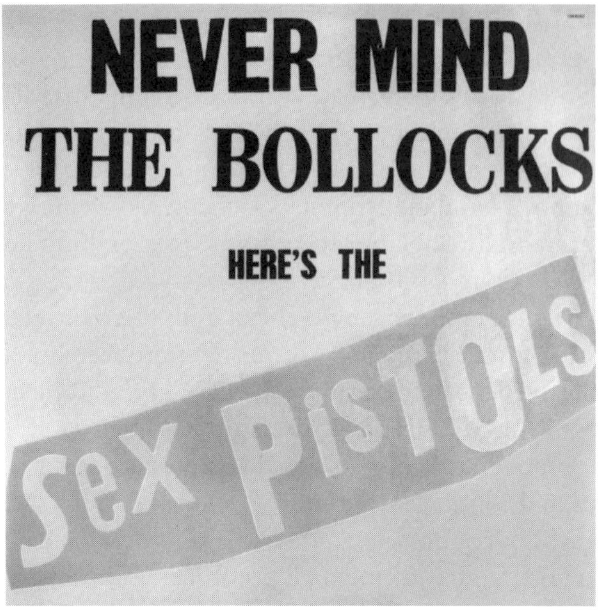

Não dê atenção aos escrotos: a capa de Jamie Reid para o primeiro álbum dos Sex Pistols, considerado por Kurt Cobain como o mais bem produzido que ele já ouvira.

Nancy Spungen, ao lado do fotógrafo Lee Black Childers, e Sid Vicious, chapado com seu ídolo, Dee Dee Ramone.

minhando para o naufrágio. O orçamento não parava de aumentar e, sem pagamento, Russ Meyer abandonou o *set* no primeiro dia de filmagens. Já os Pistols seguiam suas vidas: em dezembro, depois de algumas datas na Holanda, em que Sid Vicious começou a ficar fora de controle, com droga à vontade, a banda iniciou sua *Never Mind the Bans Tour* (turnê do esqueça-os-boicotes) pelas cidades da Inglaterra que ainda os deixavam tocar. No dia de Natal, aconteceu um de seus mais insólitos shows, no Ivanhoes Club, em Huddersfield, para cerca de 500 crianças, filhas de mães solteiras, grevistas e desempregados. Foi uma festa das boas, com John Lydon mergulhando num bolo e promovendo uma inacreditável guerra de comida. Um último lampejo de alegria e bom-humor diante do inferno que estava por vir: a primeira turnê americana. A confusão já começou na hora da emissão dos vistos, já que todos os integrantes tinham ficha policial por pequenas contravenções. Os papéis só saíram no dia 31, depois que a Warner (representante dos Pistols na América) deixou no Departamento de Estado dos EUA um depósito de US$ 1 milhão como garantia pelo bom comportamento dos rapazes no país. Em um mês os Sex Pistols estariam desfeitos — mas não sem antes promover a anarquia *in USA*.

A turnê americana fez tudo o que a banda havia passado antes parecer brincadeira de criança. As perseguições na Inglaterra provaram que a aventura dos Pistols tinha ido muito além dos limites — e poderia ser muito, muito perigosa. A relação de Lydon com McLaren se tornava definitivamente insustentável. Sid Vicious ficava incontrolável em seus surtos de heroinômano. Cook e Jones estavam apáticos. E para onde iam eles? Uma terra tão conservadora quanto sua própria, uma terra onde o momento musical era da discothèque (Os Bee Gees estavam na crista da onda com a trilha sonora de *Os Embalos de Sábado à Noite*) e do *soft rock* de Peter Frampton e dos Eagles. Subterraneamente, porém, florescia em Nova York a new wave (com Television e Talking Heads) e em Los Angeles o punk (com os pioneiros The Germs) — o que não chegava a ser um consolo para os Pistols. Depois de uma longa viagem, ao longo da qual enfrentaram o inclemente inverno americano, eles chegaram no dia 5 de janeiro de 1978 a Atlanta. Lá, no Great SouthEast Music Hall (um shoppingzinho de nada), fizeram seu primeiro show, para uma platéia de 500 pessoas, entre as quais jornalistas dos mais diversos veículos. Foi um desastre musical (como seria boa parte dos shows no país). "Não somos a pior coisa que vocês já viram?", perguntou Lydon (na primeira de suas sarcásticas e antológicas frases dessa turnê). "Agora vocês podem parar de ficar olhando a gente", completou. Depois do show, Sid desapareceu, só voltando na manhã seguinte, drogado.

No dia 6, a banda viajou para tocar em Memphis, terra de Elvis. No meio do caminho, o avião em que estavam foi atingido por um raio — pior presságio, impossível. Antes do show, o baixista sumiu de novo atrás de heroína, sendo espancado pelos guarda-costas da Warner (contratados também para manter a banda na linha). Mas de nada adiantou: seus escândalos movidos pela droga o tornariam definitivamente a grande estrela dos Pistols daí para a frente. "Eu quero ser como Iggy Pop e morrer antes dos 30", disse Sid num daqueles dias. Em 8 de janeiro, a banda estava tocando em San Antonio, Texas, no Randy's Rodeo, um típico bar de cowboys, cuja diversão era atirar latas de cerveja no palco. No meio do show, o baixista gritou: "Vocês cowboys são todos um bando de bichas fodidas!". No que um deles foi tirar satisfação, Sid já estava esperando com seu baixo na mão e com ele desceu o cacete no pobre cowboy — em pouco tempo, restaria apenas uma corda inteira no instrumento. No dia seguinte, no Kingfisher Club, em Baton Rouge (Louisiana), seu espetáculo foi transar com uma garota em pleno palco. O público jogou dinheiro — o que rendeu para Lydon uns bons 15 dólares. Mais um dia e os Sex Pistols tocavam no Longhorn's Ballroom, em Dallas. Uma cabeçada dada por uma garota no nariz de Sid, e ele imediatamente começou a sangrar. O fluxo continuou ao longo do show, inundando de sangue seu peito e deixando-o em estado deplorável. "Olhe só isso, um circo vivo", foi o comentário da vez do desencantado John Lydon. Mal sabia ele o que viria: uma madrugada, num restaurante de beira de estrada, um cowboy olhou para o baixista, apagou um cigarro nas costas da mão e o desafiou a fazer o mesmo. Sid não pestanejou: meteu uma faca na mão e continuou a comer enquanto o sangue escorria por cima da comida. O sujeito, enojado, pegou mulher e filho e se mandou. Iggy Pop ficaria orgulhoso.

Aproximava-se o fim da contagem regressiva dos Sex Pistols. No dia 11, a banda se apresentou no Caine's Ballroom, em Tulsa, uma típica cidade americana dominada pelo fanatismo religioso. Dose para leão — demais até mesmo para os Pistols. Na porta do show, um pastor esbravejava: "Há um Johnny Rotten dentro de cada um de nós que não precisa ser libertado, precisa é ser crucificado". Já numa parada de ônibus, um sujeito ofereceu sua filha de 15 anos para a banda. "Levem-na, deixem-na ver um pouco do mundo", disse. Por sorte, não havia mais lugar no ônibus. Tanta loucura iria chegar a seu ponto de ebulição no dia 14, em São Francisco, em um show no Winterland, casa do grande empresário roqueiro Bill Graham. Cinco mil pessoas (o maior público dos Pistols no país), som terrível, a banda fez o último show da primeira fase de sua carreira (ela voltaria à atividade em 1996, como veremos adiante). Um show em que o caos imperou do começo ao fim, com Sid mais uma vez fora de órbita e Lydon no limite de sua paciência. "Isto não tem a menor graça", cantava ele em "No Fun", a música de encerramento. "Vocês já se sentiram como se tivessem sido enganados?", perguntou antes de deixar o palco. O alvo era claro: Malcolm McLaren. Quatro dias depois, o vocalista estaria em Nova York anunciando ao mundo a sua saída da banda e o inevitável fim da aventura dos Sex Pistols.

Daí em diante, tudo são pregos no caixão do punk. Antes que Lydon anunciasse que ia abandonar o barco, Malcolm planejava levar a banda ao Brasil para gravar com Ronald Biggs, o famoso ladrão inglês que teve uma participação menor no assalto do trem pagador em 1963, mas virou uma espécie de herói por ter escapado sempre da polícia e conseguido refúgio na Cidade Maravilhosa. Era uma alternativa honrosa e interessante, já que a Finlândia, destino seguinte da banda, não a queria mais. O vocalista, de cara, não gostara da idéia de trabalhar com Biggs e ainda tentou demover Cook e Jones da idéia. De nada adiantou. Com Sid fora de combate depois de ter tomado uma overdose no dia seguinte ao último show, os dois viajaram para o Rio só com McLaren. Com o *bom ladrão* nos vocais, eles gravaram duas canções — "Punk Prayer" e uma versão de "Belsen Was a Gas", composição do baixista — e hilariantes cenas para o filme do empresário, a essa altura convenientemente chamado *The Great Rock n' Roll Swindle* (a grande trapaça do rock n' roll).

Se a dupla aparecia no filme curtindo a praia de Copacabana (a foto está no encarte do disco com a trilha) e traçando prostitutas cariocas, a participação do baixista deveria ser mais ultrajante ainda. Pois bem: Malcolm mandou Sid para Paris, onde ele filmou, num cenário que tinha sido armado para Serge Gainsbourg, uma cena em que cantava uma versão escrachada da balada "My Way", um dos maiores sucessos do repertório de Frank Sinatra. A música terminava com Sid fuzilando a platéia — era este *o seu jeito* de viver. O compacto com "Punk Prayer" (mais tarde rebatizada de "No One Is Innocent") no lado A e "My Way" no B, lançado em junho de 78, chegou ao número 6 da parada inglesa, vendendo mais cópias que o de "God Save the Queen". De todo o dinheiro arrecadado, muito pouco acabou parando na mão de Biggs — a queixa do ladrão perdurou até 1996, quando se anunciou que os reformados Sex Pistols iriam tocar no Rio.

A trilha de *The Great Rock n' Roll Swindle* saiu logo depois da morte de Sid, em fevereiro de 79, mas curiosamente antes do próprio filme, que só chegaria às telas em maio de 1980, com direção de Julian Temple. Como álbum, ele é uma verdadeira colcha de retalhos, beirando a picaretagem sugerida pelo título do filme. Ele tem as canções com Biggs, Vicious (cujo compacto póstumo foi, aliás, o que mais vendeu na história dos Sex Pistols) e algumas regravações que preservaram os vocais de Lydon das primeiras fitas demo — caso das versões de "Substitute" e "No Lip". Um cantor contratado de última hora, Ten Pole Tudor, gravou os vocais de "Rock Around the Clock" e "Who Killed Bambi?". Um tal de Jerzimi cantou a versão em francês de "Anarchy". De resto, entraram versões orquestrais dos sucessos dos Pistols e um inacreditável *medley* disco cantado pelos Black Arabs. Como filme, *Swindle* não fica atrás, reunindo desde material documental (de onde vem a grande maioria das imagens com Lydon) até as filmagens com os outros integrantes, transformados em caricatos personagens. Caótica, enigmática e desigual, a fita ficou célebre pelas 10 Lições/Mandamentos de McLaren, o auto-intitulado Deus-criador dos Sex Pistols.

Lição 1: Como fabricar seu grupo
Lição 2: Firme o nome Sex Pistols
Lição 3: Como vender a armação
Lição 4: Não toque, não desperdice o nome
Lição 5: Roube o máximo de dinheiro da gravadora de sua escolha
Lição 6: Como se tornar a atração turística número um do mundo
Lição 7: Cultive o ódio, ele é sua maior garantia
Lição 8: Como diversificar seu negócio
Lição 9: Leve a civilização aos bárbaros — os Estados Unidos
Lição 10: Quem matou Bambi?

Nem aí para o filme, John Lydon zerou tudo depois da saída dos Pistols. Em primeiro lugar, buscou eliminar tudo o que havia de Malcolm McLaren em sua vida e enfim exercitar sua individualidade. Iniciou uma ação judicial contra o empresário (saindo vitorioso oito anos depois), abandonou o apelido Rotten (só retomado em 95, como título de sua autobiografia) e formou o Public Image Ltd. Com um som calcado no *dub* e em guitarras cáusticas, tocadas por Keith Levene, o vocalista pregava o anti-rock (em oposição aos Pistols) e bradava em "Public Image Ltd.": "Não serei tratado como propriedade". O PIL foi a banda-símbolo do pós-punk, um som que teve seu auge na primeira metade dos anos 80. Sid não teve a mesma sorte — depois de muita confusão drogada em Nova York, para onde se mudou com Nancy no fim de 78 a fim de tentar carreira solo (uma noite, sem razão alguma, chegou a dar uma garrafada em Todd, irmão de Patti Smith), ele encontrou sua tragédia. Precárias fitas de shows no Max's Kansas City ainda viraram o álbum-legado *Sid Sings* — já as cinzas do baixista, por descuido de sua mãe, que as carregava, acabaram sendo espalhadas pelo sistema de ventilação do aeroporto de Heathrow. Por fim, Cook e Jones, inseparáveis, formaram o grupo The Professionals — para depois seguirem separados rumo ao ostracismo.

Essa foi a história dos Sex Pistols. Com um final adequadamente trágico, ela tem tudo aquilo que costuma fazer os consagrados romances — aventura, paixão, humor, infâmia, infortúnio, coragem, covardia etc. Menos uma coisa: a moral da história. O exemplo dos Pistols estava além deles mesmos e de sua trajetória trapaceira: era provar que todo mundo poderia criar o seu próprio enredo num mundo pop povoado por mitos e histórias fantásticas. Depois do Big Bang, fez-se a luz para os indesejáveis.

Paul Simonon, John Strummer e Mick Jones: três quartos do Clash, a banda que representou a face politizada e combativa da primeira geração do punk rock inglês.

3.
ABERTA A CAIXA DE PANDORA...

Quem poderia ter uma pálida idéia do que os Sex Pistols iriam provocar na Inglaterra e no mundo a partir daquele 1977? Em sã consciência, ninguém. Os Pistols não foram responsáveis apenas pela lição radical do faça-você-mesmo (que levou milhares a tentarem vencer as corporações do rock). Eles também mostraram que o escândalo é uma das mais eficientes formas de autopromoção. Mais importante do que essas duas foi a prova irrefutável de que todos os seres humanos — não importa o sexo, a raça, a cor ou a orientação política — poderiam ter o seu lugar sob o sol do pop. Os artistas não precisariam mais se adaptar desesperadamente aos padrões para obter um encaixe com as engrenagens da indústria — ela é que precisaria abrir brechas para atender à urgência do que estava acontecendo. No calor da explosão punk, a Inglaterra começou a gestar um fenômeno que se propagaria com grande repercussão pelas décadas seguintes: a cultura pop alternativa. Selos fonográficos independentes, fanzines, lojas para vender aqueles discos que as *megastores* não ousariam pôr em suas prateleiras, casas de show para bandas com propostas anti-mainstream... Tudo isso, que era rascunho de sonho desde a época dos primeiros *rockers*, teve a sua concretização a partir do punk.

Antes que as grandes gravadoras se convencessem do potencial de artistas emergentes como The Clash e The Jam, havia a Chiswick e a Stiff Records, este um selo criado pelos empresários Jake Riviera e Dave Robinson com meras 400 libras, tomadas emprestadas de Lee Brilleaux, vocalista do Dr. Feelgood. O negócio da Stiff era gravar o que aparecesse pela frente, o mais rápido possível, nas condições possíveis e com os menores gastos. Graças a essa agilidade, que muito tinha a ver com o espírito das bandas ("Vá rápido que isso pode acabar cedo!"), o selo conseguiu sair na frente de todos, lançando o disco punk inaugural, *New Rose*, do Damned, em setembro de 1976. "Estou interessado em só contratar lunáticos. A história prova que a melhor arte vem dos malucos", dizia Riviera em defesa de sua causa. Nem precisou: o disquinho sozinho acabou vendendo cerca de 10 mil cópias na Inglaterra.

Em fevereiro de 77, em Manchester, outra importante banda do punk gravaria seu primeiro disco por vias independentes: o Buzzcocks, que teve que criar o selo New Hormones para editar *Spiral Scratch*, seu primeiro EP (Extended Play, meio-termo entre um compacto e um álbum, geralmente com quatro ou cinco músicas). "Não havia gravadoras na cidade naquela época. É uma questão de ambição. Um monte de gente na nossa situação teria descoberto que algo acontecia em Manchester. Mas nós tínhamos um outro tipo de necessidade, o que nos fez pegar dinheiro emprestado, marcar horário no estúdio e fazer os discos", revelou um dia o ex-vocalista Howard Devoto. A produção do EP, aliás, foi de Martin Hannett, mais tarde famoso por seus trabalhos com o Joy Division. Com essa façanha, a banda provou que não era preciso que os punks saíssem de sua cidades para gravar seus discos, o que abriu um caminho para produções regionais em vários pontos da Inglaterra. Em Londres, a loja Rough Trade, de Geoff Travis, se encarregava de vender os discos dos Buzzcocks e de todas as outras bandas punk do país, tornando-se um centro de referência do movimento. Mais tarde, ela virou um selo, que se solidificou como referência do alternativo ao estourar mundialmente na década de 80 com os melódicos e poéticos Smiths.

Seguindo o exemplo da revista *Punk* nos Estados Unidos, os ingleses também criariam os seus próprios veículos de expressão de idéias. A primazia foi de um entediado bancário chamado Mark Perry. Impressionado pelo exemplo de anarquia dos Sex Pistols, ele sentiu a necessidade de passar sua experiência para o papel, mas não achava quem pudesse publicar seus textos sobre bandas desconhecidas e de nomes estranhos como Adverts, Slaughter & The Dogs e Subway Sect. Daí ele teve a idéia de fazer um *fanzine* (contração de *fan* e *magazine*, revista), informativo sobre o qual pudesse ter completo controle editorial, a fim de atingir em cheio aquele novo povo roqueiro. O nome — *Sniffin' Glue* (cheirando cola) — foi tirado de "Now I Wanna Sniff Some Glue", canção daquele primeiro disco dos Ramones. Com letras escritas à mão e fotos coladas de qualquer maneira, o seu fanzine circulava em cópias xerocadas e destoava completamente da imprensa alternativa de rock que havia nos anos 60 — era deliberadamente tosco, em consonância, aliás, com a arte gráfica elaborada por Jamie Reid para os cartazes e capas de discos dos Sex Pistols. A mensagem do fanzine era óbvia: aquilo que ele fazia era algo que estava ao alcance de qualquer um com um pouco de iniciativa. "Todos vocês, garotos que lêem *Sniffin' Glue*, não se sintam satisfeitos com o que nós escrevemos. Vão e comecem seus próprios fanzines", escreveu Perry certa vez. Em outros números, ele chegou a reproduzir desenhos de posi-

Sob os céus cinzentos de Manchester, o exemplo punk deu frutos como os Buzzcocks, banda que abriu um selo só para lançar o seu disco, inaugurando na cidade o *do-it-yourself*.

ções no braço da guitarra correspondentes aos acordes de lá, mi e sol maior. "Agora vá e monte uma banda", concluía.

Com a ajuda de lojas como a Rough Trade, *Sniffin' Glue* chegou a ter uma circulação de seis mil cópias por edição. Quando implodiu, lá pelo 12º número, o fanzine já tinha provocado o nascimento de dúzias de outros em todo o país, com nomes sugestivos como *Negative Reaction*, *Skum*, *Chicken Shit* e *London's Burning*. Até hoje, com poucas alterações no formato, o fanzine tem sido o meio de comunicação por excelência dos punks no mundo inteiro — tudo o que você precisa é de uma caneta, algumas fotos para colar anarquicamente, um punhado de criatividade e um capital inicial para investir em xerox. Nessa mesma época em que surgia o fanzine, a revolução do punk chegou à grande imprensa. Os semanários ingleses de música começaram a procurar quem pudesse entender e traduzir para seus leitores aquele estranho fenômeno jovem, levando à abertura de espaço para novos e jovens escribas como Caroline Coon (do *Melody Maker*, mais tarde autora do livro *1988: The New Wave Punk Rock Explosion* e temporariamente empresária do Clash), Barry Cain (*Record Mirror*), Tony Parsons e Julie Burchill (*New Musical Express*).

Outro importante pioneiro dessa época foi Andy Czezowski, que em dezembro de 1976 alugou uma discoteca gay em Covent Garden, Londres, deu-lhe uma nova pintura e a transformou no Roxy, o primeiro palco exclusivamente punk, que deu guarida ao Clash, Heartbreakers e uma série de grupos que começavam a surgir inspirados pelos Sex Pistols. A liberdade imperava: para se ter uma idéia, quem cuidava do som lá era o DJ negro Don Letts. No clima de "nós podemos tudo" do Roxy, começaram a aparecer bandas que expandiram a temática e as possibilidades do punk inicial. Caso do Adverts, segunda banda do gênero a ser contratada pela Stiff. Além de letras auto-irônicas, como "One Chord Wonders" (maravilhas de um acorde só), os Adverts ainda tinham uma mulher, Gaye Advert, como baixista. Aliás, não demorou muito para surgir na cena punk londrina uma banda exclusivamente feminina, The Slits (ao mesmo tempo, nos Estados Unidos, começavam a despontar também as Runaways, de Joan Jett). Absolutamente inábeis musicalmente, as Slits entram na história do punk como as primeiras a reivindicar para as mulheres um papel além do meramente decorativo e de objetos sexuais. Suas letras (assim como as de outro destaque do Roxy, o X-Ray Spex, da vocalista Poly Styrene) traziam o germe de rebelião feminista que, no começo dos anos 90, iria dar origem nos Estados Unidos ao movimento roqueiro das Riot Grrrls

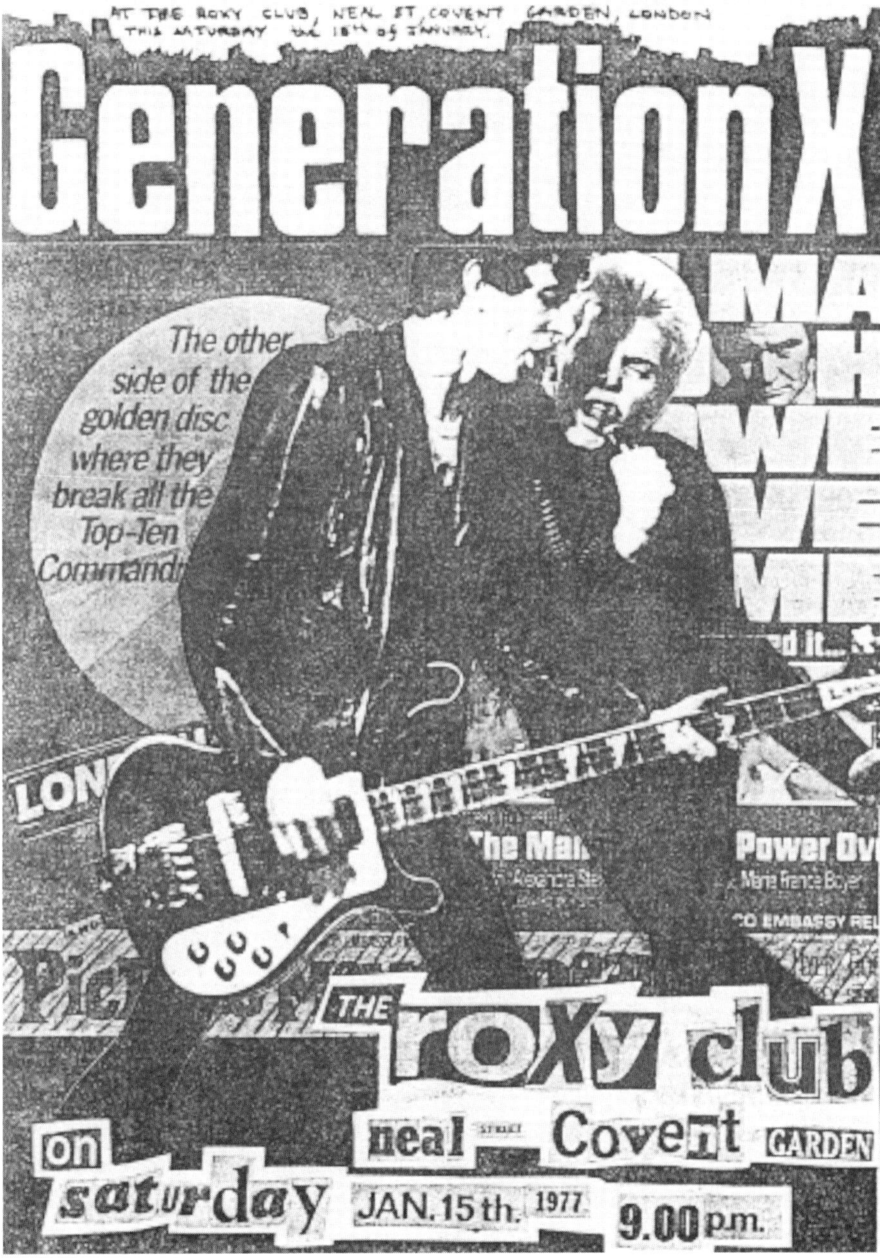

Com Billy Idol nos vocais, o Generation X foi uma das bandas mais assíduas do Roxy, a catedral punk de Londres, que outrora tinha sido uma discoteca freqüentada por gays.

(garotas iradas, de verdade), representado por bandas como Hole, Babes In Toyland, 7 Year Bitch e Bikini Kill.

A indústria, porém, não demoraria a tentar capitalizar todo o interesse gerado por esses garotos insatisfeitos que começavam a fazer as coisas da sua própria maneira. Era, enfim, a ordem natural das coisas, que se repetiria outras vezes no pop ao longo das décadas seguintes: os modelos consagrados se esgotam e, uma vez que outros provam dar certo no subterrâneo, os engravatados arriscam neles suas fichas. Os Pistols eram a notícia do país depois do incidente com Grundy, o apresentador de TV, e a imprensa procurava novos heróis punks para entronizar. Calhou de uma banda estar prontinha para viver este papel: The Clash, que começou de forma igual a tantas outras bandas punk da época. O guitarrista e vocalista Joe Strummer não tinha sido o único a querer recomeçar tudo depois de assistir a um show dos Sex Pistols. Também tiveram o mesmo impulso o guitarrista Mick Jones e o baixista Paul Simonon, da banda The London SS, que vivia seguindo os passos musicais do The Faces e do *glam* Mott The Hopple.

Apesar das diferenças de classe social (Strummer, nome verdadeiro John Graham Mellor, era filho de um diplomata; Jones e Simonon, amigos de infância, nasceram pobres em Brixton), no verão daquele 1976, o trio se juntou para tocar. E, com eles, seguiram o futuro integrante do PIL, Keith Levene, e o baterista Terry Chimes, reunidos pela proposta de seguir a lição dos Pistols ao pé da letra. Eles começaram como London SS mesmo, mas logo viram que era necessário um nome de mais impacto, como Sex Pistols. A palavra que mais aparecia nas manchetes do jornais ingleses — *clash* (choque, confronto) — foi a escolhida para batizar a banda, que, depois de cinco shows, viu Levene partir. Logo, o irado quarteto estava dividindo o palco com Johnny Rotten e cia. na *Anarchy in the UK Tour* (da qual seriam canceladas quase todas as datas por causa da "excelente" imagem da banda principal).

Strummer, Jones, Simonon e Chimes entraram 77 com o pé direito, fazendo o show do primeiro dia do ano no Roxy. Por sugestão do seu empresário, Bernard Rhodes (que havia trabalhado com Malcolm McLaren na Sex), a banda começou a vestir camisas com slogans e palavras de ordem escritos. Naquele show, Strummer tinha um grande "1977" na sua — era a esperança de que naquele ano a Inglaterra e o mundo iriam mudar. Um sinal: no mês seguinte, o Clash assinou contrato com a CBS (hoje Sony) por supostas (e impressionantes) 100 mil libras. Nessa época, começava a ficar comum grandes gravadoras contratarem bandas da leva punk. Antes do Clash foram os Stranglers e os Pistols e, pouco dias depois, os neomods do Jam. Ao contrário da banda de McLaren, que fazia do escândalo e do mau humor as suas armas, o Clash apostava na energia do som e na forte mensagem política. Se os Pistols queriam destruir o mundo, Strummer e cia. queria tomar o poder para fazer um mundo mais justo. No dia 18 de março, saía na Inglaterra o compacto com a primeira carta de intenções da banda: "White Riot" (revolta branca). Muitas vezes taxada de fascista, a música foi escrita pela banda ainda sob o efeito do choque entre a polícia e imigrantes negros (jamaicanos, principalmente) no Carnaval de Nothing Hill, em Londres. A idéia da banda expressa na letra é que os brancos fizessem uma revolta própria naqueles moldes. O barulho de sirenes, vidro quebrando e botas marchando ressaltou a urgência desse rock acelerado e vigoroso (feito pela banda como se não houvesse tempo para outro) e o transformou em um clássico.

Em 7 de abril saía o primeiro álbum, *The Clash*, gravado ao longo de três fins de semana, no ritmo típico do elevado consumo de anfetaminas (anos depois, Mick Jones admitiu não se lembrar direito de como foram as gravações, tal o "pique"). O disco é um registro fiel da crueza do som de garagem do Clash. Canções de iconoclastas como "Carreer Opportunities" (sobre o tempo em que Jones passou no Correio, num emprego que consistia em abrir cartas que podiam estar com bombas do IRA), "Hate and War", "I'm So Bored with the USA" e "London's Burning" fizeram da banda uma das primeiras sensações do punk fora da Inglaterra (o disco vendeu mais de 100 mil cópias importadas nos Estados Unidos, onde só ganharia lançamento nacional em 79, porque a CBS achou que ele não tinha condições de tocar no rádio).

Para quem havia chamado o Clash de racista por causa de "White Riot", havia no disco a versão do reggae "Police and Thieves" (de Junior Murvin e Lee Perry, produtor jamaicano, mago do reggae psicodélico conhecido como *dub*, que também produziu algumas faixas de *The Clash*). Em maio, a banda iniciou a sua *White Riot Tour* pela Inglaterra, ao lado dos Buzzcocks, das Slits, do Jam (que logo pulou fora) e do Subway Sect. Na bateria, no lugar de Terry Chimes, que pediu o boné logo após a gravação do álbum, entrou o brilhante Topper Headon. Em pouco tempo de estrada, o Clash ganhou fama como a melhor banda de rock ao vivo na Inglaterra, muito graças à extrema comunicabilidade de Strummer com o público e ao belo cruzamento de guitarras que fazia com Mick Jones (os dois também são reconhecidos como grandes compositores, de estilos absolutamente diversos). No começo dos anos 80, sem os Sex Pistols pelo caminho, eles se tornariam a melhor banda de rock do mundo.

Depois de muitos shows (entre os quais o do Carnaval Antinazista, um dos vários eventos da época nos quais os punks se expressaram contra os movimentos de exclusão e opressão) e algumas prisões de integrantes (por pequenos roubos e tiros contra pombos), o Clash lançou em 1978 o seu segundo álbum, *Give 'em Enough Rope*, que surpreendeu (negativamente) pela produção polida de Sandy Pearlman (dos hard-roqueiros do Blue Öyster Cult), mas reforçou o sucesso da banda com canções como "Tommy Gun" e "Safe European Homes". No fim do ano seguinte, cumprida uma série de shows pelos Estados Unidos (em que tocaram com a nata do rock e do soul, como Bo Didley, Sam & Dave e os Cramps), eles lançaram aquele que é considerado até hoje um dos mais importantes discos da história do rock: *London Calling*. A decisão de mergulhar de cabeça na música da América estava logo na capa: a foto preto e branco de Simonon destruindo seu baixo, com o título escrito em letras coloridas, numa paródia àquela do disco de estréia de Elvis Presley.

Álbum duplo que por pouco não ganhou o pretensioso título *The New Testament* (Novo Testamento), *London Calling* logo estourou a irada faixa título, na qual Strummer anunciava que "toda a falsa *beatlemania* foi reduzida a pó". Mas ela ainda estava longe de representar a diversidade do disco, que tinha um rockabilly ("Brand New Cadillac"), reggae ("Revolution Rock"), um ska ("Wrong 'em Boyo"), uma pseudo-discothèque ("Lost in the Supermarket") e grandes canções de rock à moda Clash, como "Spanish Bombs", "Clampdown" e "Death or Glory". Não precisou mesmo de muita promoção para que o álbum chegasse ao 27º lugar da parada americana. Em março de 1980, a banda consagraria de vez sua trajetória lançando *Rude Boy*, falso documentário sobre as desventuras de um fictício *roadie* da banda, interpretado por Ray Gange.

Em agosto do mesmo ano, o Clash se trancou no estúdio Eletric Ladyland, em Nova York, para gravar, em meio a tensões entre Strummer e o resto da banda, o seu mais ambicioso projeto: o álbum triplo *Sandinista!*, repleto de experimentos *dub*, que acabou sendo lançado em dezembro. A funkeada "The Magnificent Seven" foi o sucesso do disco nas paradas, abrindo toda uma nova gama de possibilidades para o som da banda. Mostra de que seu ecletismo musical refletia uma acertada visão de futuro, o Clash escolheu para fazer um dos shows de abertura de sua temporada nova-iorquina em 81 os pioneiros rappers do Grandmaster Flash & The Furious Five. Menos de dez anos depois, o rap estaria sendo chamado de *o novo punk* graças à virulência musical e poética do Public Enemy. Aliás, um dos compactos seguintes da banda, *This Is Radio Clash*, é puro hip hop.

Cheirando cola: o pai de todos os fanzines, criado por Mark Perry, um entediado bancário que saiu em busca de pessoas que gostassem do mesmo tipo de música que ele.

Mas o Clash tinha ainda um papel importante a cumprir no rock: lançar, em maio de 1982, o disco *Combat Rock*. Com a balançada "Rock the Casbah" e a punk "Should I Stay or Should I Go?" (que foi incluída dez anos depois num comercial da Levi's e teve sucesso avassalador), ele chegou ao sétimo posto da parada americana e vendeu nada menos que um milhão de discos. A essa altura, a banda já era um daqueles grandes nomes do rock, que lotam estádios e põem todo mundo para pular. Só que Strummer queria aumentar o envolvimento político com as causas revolucionárias nas letras e atitudes da banda (principalmente contra o imperialismo americano), enquanto Mick Jones, embalado pelo sucesso, só pensava em fazer dançar mais e mais. Resultado: Jones foi expulso da banda, o que inevitavelmente fez com que ela se encaminhasse para o seu fim. No ano seguinte, ele estaria, feliz da vida, montando a usina dançante conhecida como Big Audio Dynamite. O Clash, por sua vez, ainda lançaria em 85 o decepcionante disco *Cut the Crap*, mas encerraria melancolicamente suas atividades pouco depois, num festival de rock na Grécia. Comercialmente os mais bem-sucedidos punks ingleses, eles deixavam os palcos para entrar na História.

Mais do que gerar o primeiro nome de peso do rock daqueles anos 80, o punk foi responsável por toda uma renovação musical na Inglaterra e no resto do mundo. A partir do chamado para que a juventude deixasse a passividade e começasse a fazer a música que gostaria de ouvir, surgia a chamada new wave — a brasa punk começava a esfriar e as bandas vinham com propostas menos radicais, mas igualmente frescas, com poder suficiente para competir nas paradas com dinossauros como Rod Stewart, ELO e Fleetwood Mac. A diversidade foi a marca dessa nova onda. O Jam, por exemplo, era o revisionismo dos anos 60 (de bandas como The Who e Small Faces e do soul da Motown) feito com talento, energia e apelo para as rádios pelo líder Paul Weller. Os LPs *In the City* e *This Is The Modern World* (77), *All Mods Cons* (78), *Setting Sons* (79) e *Sound Affects* (80) marcaram o auge desta banda. Mas havia um lado diametralmente oposto: nascido do embrião Warsawa, o Joy Division, de Manchester, aproveitou-se do instrumental punk para explorar o lado obscuro do espírito humano, em dois discos sombrios (*Unknown Pleasures*, de 79 e *Closer*, de 80) que marcaram a face do rock com músicas como "Isolation", "She's Lost Control" e "Love Will Tear Us Apart" (o amor vai nos dilacerar). Em 18 de maio de 1980, quando a banda se preparava para sua turnê americana, o rock ganhou mais um de seus míticos suicidas: o vocalista Ian Curtis. Ele se enforcou em casa depois de assistir ao filme

Stroszeck, de Werner Herzog (sobre um músico alemão que viaja para a América e, desencantado, se mata) e de ouvir seguidamente o disco *The Idiot*, de Iggy Pop. Ao contrário de Vicious, Crash e Cobain, Curtis foi mais uma vítima de seus fantasmas interiores que do preço cobrado pela rebelião punk. Após a sua morte, o guitarrista Bernard Sumner, o baixista Peter Hook e o baterista Stephen Morris resolveram tocar a vida, exacerbando a influência recebida dos robóticos alemães do Kraftwerk. Naquele mesmo ano, junto com a tecladista Gillian Gilbert, fundaram o New Order, lenda do pop eletrônico dos anos 80. Saiu um pouco de tudo do punk.

As trevas cantadas pelo Joy Division também inspiraram bandas do chamado *positive punk* (pós-punk), como o Public Image Ltd., de John Lydon, e, mais notadamente, o Siouxsie & The Banshees, da vocalista Siouxsie Sioux. Ambos forçaram as barreiras do estilo em prol de uma música de vanguarda, fortemente psicodélica, identificada com o medo, a escuridão e os temas fantásticos. Esse som, cultivado também por grupos como The Cure, The Southern Death Cult (mais tarde Death Cult, e depois só The Cult), Killing Joke, Bauhaus, Sisters of Mercy e Alien Sex Fiend, viria a ser conhecido mais tarde como gótico. No Brasil, os seus seguidores receberiam da imprensa, em meados dos 80, o rótulo (um tanto pejorativo e desinformado) *dark*.

Na mesma época em que o pós-punk deu as caras, veio também o mais vilipendiado subproduto da revolução dos Pistols: o new romantic. Para alguns, era a adaptação dos ideais punk pela classe média. Gente que não acreditava na proximidade do fim do mundo e queria mais era montar suas bandas para realizar experimentos com a moda e festejar, festejar muito. A partir de 1980, apareceram na Inglaterra nomes como Adam & The Ants (daquele mesmo Stuart Goddard que estava lá, no primeiro show dos Pistols), Bow Wow Wow (grupo inventado por Malcolm McLaren depois do fim de sua maior criação), Duran Duran, Classix Nouveau, Depeche Mode, Human League e Culture Club. Roxy Music e David Bowie eram os padrinhos sonoros e visuais desta turma, que optou por um pop chique (com guitarras se misturando a toques eletrônicos e batidas derivadas da discothèque) e por um visual excêntrico, com muita maquiagem, cabelos armados, roupas que pareciam as da corte francesa pré-revolucionária e alguma androginia (Boy George, do Culture Club, marcou época como a primeira pop star que era menino). Junto com o new romantic (cujos artistas tiveram papel fundamental na transformação do videoclipe num espetáculo muito além da música), florescia também na Inglaterra a cold wave, de nomes como o Heaven 17, Ultravox e Gary

Numan, que foram fundo na incorporação ao pop das nascentes tecnologias eletrônicas para a criação de um tecnopop.

Tantos foram os desdobramentos do punk que, em 1981, ele era termo morto. Os jovens com cabelos coloridos se tornaram atração turística em Londres e uma estilista muito esperta, Zandra Rhodes, fez barulho na mídia com uma caricatura do que Vivienne Westwood havia criado na Sex — a "moda esfarrapada". Originalmente tido como sinônimo de new wave, o punk perdeu o sentido mercadológico depois que os Sex Pistols viraram fumaça. New wave (como se veria naquele Brasil de 1984, pré-primeiro Rock in Rio) era um termo muito mais eficiente para vender discos.

O mercado tem suas razões, mas um nome forte como o punk não acaba em cinzas assim tão impunemente. As lições de anarquia e de questionamento do poder dos Sex Pistols e Clash continuaram rondando as cabeças de uma garotada, bem depois que as bandas acabaram ou deixaram de ser punk. Com casacos de couro, botas Doc Martens, cabelos espetados (ou mesmo moicanos) e um som que acelerou ainda mais o rock das bandas iniciais (rumo ao que seria conhecido como punk hardcore — ou seja, "punk miolo duro"), uma série de grupos decretou que aquela não era mais uma das ondas passageiras do pop. "Punk's not dead" (o punk não morreu), urrava Wattie, vocalista da banda escocesa Exploited (explorados) na canção-título de seu disco de 1981. Eles não estavam sozinhos: logo surgiram no Reino Unido bandas como Anti-Nowhere League, G.B.H., UK Subs e The Varukers. Ao contrário de Pistols e Clash, essa turma rejeitava totalmente o contato com o mainstream, repudiava a grande indústria do disco e vivia o alternativo em sua mais perfeita expressão.

Foram eles que moldaram a face do punk com a qual ele se disseminou pelo mundo: um movimento de resistência e contestação política, oposto ao pop e ao cinismo, com esquemas próprios de difusão de informações (os fanzines) e um circuito próprio de shows (baseado principalmente nos *squats*). O som, o visual, as danças e os padrões de comportamento que eles criaram são também a base para o que tem sido seguido até hoje pelos punks — deve-se a essa segunda geração a noção de movimento e, por conseguinte, a de "traidores do movimento". Raras foram as evoluções estéticas neste meio, o que denota uma ortodoxia extremamente conflitante com as idéias de seus pioneiros. Mas, como se tem visto desde o começo, punk e contradições sempre estiveram juntos.

Na Inglaterra de 1983, analisava a revista *Time* na extensa reportagem "The tribes of Britain" (as tribos da Grã-Bretanha), os punks eram apenas mais uma das várias tribos urbanas do país, formadas por jovens que se engajavam nessas estranhas organizações tribais por não terem outra expectativa numa Inglaterra com altos índices de desemprego (era o apogeu, por sinal, da chamada Era Thatcher). Mods, Teddy Boys, motoqueiros, rockabillies dividiam seu espaço com os punks e com os skinheads — estes, seus inimigos mortais desde então. Cabeças raspadas cheias de idéias nacionalistas e freqüentemente racistas, os *skins* se apropriaram da cultura da violência dos punks (quc era puramente lúdica) para agredir a todos que discordassem de sua supremacia branca. Contrários às políticas de exclusão e a todas as tradições inglesas (afinal são anarquistas antes de tudo), os punks sempre foram as vítimas preferenciais — mas nada passivas — dos skinheads. A música favorita dos carecas é uma variação mais lenta do punk rock, parecida com os cantos de torcida de futebol, chamada Oi! — isso por causa do grito de "Oi!" (o mesmo que em português), que pontua as letras das canções. Na Inglaterra, eles costumavam dançar de braços dados, sem a presença de mulheres, ao som de bandas francamente fascistas, como o Skrewdriver. As brigas entre punks e skins se estenderam a vários países onde os movimentos penetraram — seja na Alemanha Ocidental (onde o componente de xenofobia da população branca é acentuado) ou, inexplicavelmente, no Brasil, de população historicamente mestiça.

Uma vez estabelecido como um movimento e não mais como uma das excentricidades do mercado pop, o punk se infiltrou nos mais inesperados recantos do planeta. Já em 1977, houve registros de punks em Cingapura. Em plena guerra do Líbano, no ano de 1982, lá estavam eles promovendo festivais em Beirute, entre um bombardeio e outro — mas a alegria só durou até a chegada da polícia, que os espancou barbaramente (afinal, punk era sinônimo de violência, pensavam os policiais, certamente ecoando o que saía nos jornais). Na Europa, o movimento teve aceitação intensa em quase todos os países: França, Itália, Alemanha (na cidade de Hannover foi instituído o Dia do Caos, durante o qual os punks locais e de outros países se reúnem para festejar e eventualmente quebrar o pau com os skinheads), Polônia (no começo dos 80, em Varsóvia, o grupo TZN fazia concertos-relâmpago desafiando a Lei Marcial) e até mesmo União Soviética (onde os punks foram taxados de "manifestação da cultura de massa burguesa" pela Liga da Juventude Comunista). A gelada e isolada Finlândia, por sua vez, foi celeiro de algumas das bandas punks mais radicais e barulhentas do planeta — e mais adoradas pelos brasileiros, apesar de as letras serem cuspidas no finlandês mais enrolado possível —, como Rattus, Kaaos e Terveet Kadet.

A América do Sul não ficaria atrás — em países que passavam por regimes militares opressores, como o Brasil (que veremos em seguida) e a Argentina, a mensagem punk tinha um campo fértil para prosperar. No Chile, por exemplo, muito famosa no underground era uma banda chamada Pinochet Boys. Com um nome tão provocador, ela não podia esperar outra coisa senão ser constantemente perseguida pela polícia. Resultado: teve que deixar o país e sair correndo pelo continente, chegando a se apresentar em São Paulo em 1986 com as bandas Inocentes, Cólera e Excomungados.

E não tinha mesmo jeito: o punk acabou também chegando/voltando aos Estados Unidos, que o gestou em seu útero até o parto (traumático) na Inglaterra. Naquele começo de anos 80, muitas daquelas bandas que haviam começado no CBGB eram sucesso nacional sob o rótulo da new wave: Talking Heads, o Blondie de Debbie Harry, The Cars e esquisitices vindas do interior dos Estados Unidos, como o B-52's (de Athens, na Geórgia) e Devo (de Akron, Ohio). Cada uma revolucionária à sua maneira, mas sem aquela explosão e aquela capacidade de provocar ódios e amores que caracteriza o punk. A ensolarada Califórnia — quem diria! — acabaria por se tornar o berço do renascimento do gênero naquela nova década. Tudo começou em Los Angeles, onde, para variar, o circuito independente de rock era um nada. O único alento era a KROQ, estação de rádio que nas noites de domingo transmitia o programa de Rodney Binghenheimer. Era ele que quebrava a dieta de *classic rock* da cidade — de Eagles, Peter Frampton, Kiss e Cheap Trick — programando aquela nova música da Inglaterra e mandando ao ar anárquicas entrevistas — uma delas foi com Sid Vicious. Enquanto isso, nos subúrbios, uma garotada entediada com o que o rock e toda aquela indústria do cinema tinham a oferecer começava a se movimentar, insuflada pelo que havia ouvido no programa de Rodney, em alguns discos importados, ou em raros shows de punks ingleses na cidade, como os do Damned.

As primeiras bandas a mostrar que aquela terra era capaz de gerar produtos bem diferentes dos Beach Boys foram os Germs e o X (lenda roqueira da cidade, que teve como *hit* a música "Los Angeles" e cujo segundo LP foi produzido por Ray Manzarek, tecladista de outra lendária banda de L.A., os Doors). Graças à pressão feita por elas, um circuito de clubes (The Masque, Whisky A Go-Go, Starwood, King's Palace) começou a abrir suas portas para a nova música. Fanzines dedicados ao novo som de L.A. também surgiram, entre eles *Flipside* e *Slash*, que terminariam por se tornar também selos fonográficos, já que as grandes gravadoras

Diretamente de San Francisco, a iconoclastia feroz dos Dead Kennedys. De costas, o vocalista Jello Biafra, que concorreu à prefeitura com a plataforma de vestir os políticos de palhaços.

não estavam dando a mínima para aquela música "incomercializável" que pipocava pela cidade. Nesse rastro de empolgação punk, apareceram bandas com canções rapidíssimas, que não chegavam a durar um minuto, exprimindo toda a inquietação adolescente dos garotos — ou seja, bandas de hardcore. Entre as principais, Black Flag, que viraria uma lenda do rock alternativo por várias razões. A começar porque, para lançar o primeiro EP da banda (*Nervous Breakdown*, em 78), o guitarrista Greg Ginn criou o selo SST — anos depois, casa de nomes cruciais para o rock dos 90, como Dinosaur Jr. e Sonic Youth. Em segundo lugar, por causa do fã — mais tarde transformado em vocalista — Henry Rollins, uma das maiores personalidades punk da história, responsável por ataques certeiros e irônicos ao *establishment*, seja com sua Rollins Band, ou sozinho em palestras. Keith Morris, primeiro cantor do Black Flag, formou o Circle Jerks, outra banda veterana da cena punk de Los Angeles. Junto com o Fear (do ex-combatente no Vietnã Lee Ving), esses nomes compuseram o cenário do documentário *The Decline of The Western Civilization*, que fez o resto do país conhecer o que estava acontecendo naquela terra até então só abalada pelos terremotos.

Na vizinhança sul da cidade, em paragens como Orange County e Huntington Beach, o vírus punk também fez suas vítimas entre surfistas e skatistas. Eles formaram uma série de bandas que mais tarde dariam o que falar: Agent Orange, T.S.O.L., Adolescents, Social Distortion, The Descendents, Minutemen, Bad Religion (a sobrevivente que mais sucesso obteve entre a garotada MTV dos anos 90, chegando a se apresentar no Brasil em 1996 e 1999), Redd Kross, Suicidal Tendencies, Youth Brigade, entre outras. Num primeiro momento, todas comungavam da profissão do amor incondicional ao hardcore e à independência — os discos eram lançados por selos independentes e tinham capas toscas e impactantes, como era de se esperar do punk. Em alguns anos, elas estariam levando seu som mais para o lado do rock tradicional ou então do heavy metal (criando o chamado thrash metal) e descobrindo alternativas comerciais. Mas, de qualquer forma, deixaram um legado importantíssimo: a abertura do caminho para a revolução do rock alternativo dos anos 90, capitaneada pelo Nirvana.

Outra cidade importante em termos de punk na Califórnia foi São Francisco, onde havia desabrochado anos antes o movimento do *flower power*. Apesar de ter sido o lar de bandas cruciais como Flipper e Avengers, a cidade ficou famosa mesmo foi pela iconoclastia feroz dos Dead Kennedys — os Kennedys mortos. Liderada pelo alucinado vocalista Jello

Hey, ho, let's go! Circle Jerks abalando as fundações do Starwood em janeiro de 1981.

Los Angeles é uma festa: os Adolescents na praia dos surfistas e skatistas.

Biafra — pseudônimo de Eric Boucher —, ela foi uma espécie de suprassumo do espírito punk americano. Seus discos foram todos lançados pela própria gravadora da banda, a Alternative Tentacles, e nunca deixaram de bater forte na hipocrisia dos que detinham o poder no país. O álbum de estréia, *Fresh Fruit for Rotten Vegetables*, de 1980, traz de cara o petardo "California Über Alles", que chamava o governador Jerry Brown de nazista com todas as letras. O ultraje inicial? Que nada! Um ano antes, Biafra havia concorrido a prefeito de São Francisco e ficado em quarto lugar, com 10 por cento dos votos, graças a uma plataforma que obrigava os empresários a se vestirem de palhaços e estipulava a criação de uma Comissão Municipal de Suborno. Depois disso, ficou proibido que candidatos concorressem à prefeitura de São Francisco usando pseudônimos.

Os Dead Kennedys (que ainda tinham East Bay Ray na guitarra, Karl Flouride no baixo e Ted na bateria) sempre foram pródigos em criar slogans tanto nas letras ("Nazi Punks Fuck Off", "MTV Get Off The Air") como nos próprios títulos de seus álbuns — *In God We Trust, Inc.* (81), *Plastic Surgery Disasters* (82), *Frankenchrist* (85) e *Bed Time for Democracy* (86). Neste penúltimo, tiveram um desagradável revés: uma mãe ficou indignada com o encarte do disco (que havia comprado de Natal para o filho), reproduzindo a obra *Penis Landscape* do suíço H.R. Giger. Os vários pênis representados na pintura valeram aos Kennedys um processo por comércio de material pornográfico e a apreensão de todas as cópias do disco. Até que a justiça fosse feita, Biafra gastou centenas de milhares de dólares e acabou falindo a banda, que preferiu encerrar suas atividades em 1986, frustrando os brasileiros que esperavam uma visita ao país naquele ano.

Desde então, o vocalista se tornou um artista independente, gravando discos com suas palestras ou então colaborando com outras bandas do seu selo. Em 1992, ele esteve no Rio de Janeiro participando do lançamento do livro *Barulho*, do jornalista André Barcinski, em plena realização do fórum mundial de debates sobre ecologia, a Rio Eco 92. Sempre sarcástico, ele criou um bordão: "Don't burn the trees, burn Bush" ("Não queime as árvores, queime *Bush*", excelente frase de duplo sentido, já que a palavra pode significar arbusto ou maconha, como ainda ser uma referência ao presidente americano de então, George Bush). Para coroar a visita ao Rio, ele cantou "Holiday In Camboja" no Circo Voador, ao lado dos Ratos de Porão e do Sepultura, e depois pulou na platéia.

Outra personalidade importante do punk de São Francisco foi um velho esquerdista chamado Tim Yohannan, que em 1982 fundou um dos fanzines mais famosos de todos os tempos: *Maximum RocknRoll*. Radical em seu fervor punk (a ponto de acusar de traidora qualquer banda que flertasse com a indústria), ele ajudou no intercâmbio entre os punks de todo o país (e do exterior, como veremos adiante), publicando resenhas de todos os discos do gênero que lhe caíam nas mãos. O MRR, que chegou a vender 20 mil cópias por edição mensal nos bons tempos do hardcore, sobreviveu (sem a mesma graça) mesmo depois da morte de Yohannan, em abril de 1998.

E o hardcore também chegou à Costa Leste, mais precisamente Washington (nas barbas do poder!), com uma dupla infernal de bandas. A principal era o Minor Threat, do vocalista Ian McKaye, e tinha como alvo de suas letras o conservadorismo do recém-eleito presidente republicano Ronald *Rambo* Reagan. A banda inaugurou um subgênero punk que muitos seguem até hoje, o *straight edge* (no limite do careta), que prega a repulsa às drogas, ao álcool, à carne e ao sexo irresponsável. Contraditório com os princípios do punk 77? Talvez (isso ainda será motivo para longas discussões), mas ainda assim o *straight edge* de McKaye exprime uma postura violentamente anti-sistema. Assim como muitos daquela época, o vocalista criou o seu próprio selo, Dischord, para lançar o disco de estréia de sua banda (*Out of Step*, de 1983). Só que ele seguiu fiel aos seus ideais: lançou todos os discos do Minor Threat e da sua atual banda, o Fugazi, pelo selo, como forma de garantir que o alternativo continuasse alternativo. E mais: McKaye sempre aconselha o público a reclamar quando o disco do Fugazi é vendido numa loja por um preço acima do que considera justo, não grava videoclipes, não dá entrevistas para a MTV (como Jello Biafra, aliás) e cobra o mínimo possível para fazer seus shows — em 1994, por sinal, a banda esteve no Brasil em turnê underground.

O outro nome de peso hardcore de Washington, DC (também conhecido como HarDCore) foi o Bad Brains, uma das bandas mais insólitas de todos os tempos. Num meio como o HC, formado por jovens brancos que mal e porcamente sabiam tocar seus instrumentos, os músicos do BB eram craques (haviam tocado jazz-rock anteriormente) e NEGROS! O som da banda era uma mistura de punk com heavy metal, funk e reggae (os músicos cultivavam a ideologia rastafári e tinham dreadlocks em seus cabelos), que gerou ao menos um LP antológico, *I Against I*, de 1986. Entre os seguidores (mais espirituais que musicais) do Bad Brains está o Living Colour — talentosos músicos negros que, no fim dos 80, contra todas as expectativas, resolveram fazer rock pesado com toques funk e acabaram como uma das bandas mais celebradas de sua época.

Das costas ao interior, estado algum da América ficou incólume à passagem do hardcore, que semeou bandas hoje de reconhecida importância. Do Texas (lar do violento D.R.I. e dos malucos terminais do Butthole Surfers) a Minnesota (do Hüsker Dü, Soul Asylum e Replacements, lendas do rock alternativo, todas nascidas na cidade de Minneapolis), passando por Washington (dos Fastbacks e Melvins, patronos de todo o rock de Seattle dos anos 90), os Estados Unidos foram, ao longo dos anos 80, uma nação de bandas idealistas e barulhentas que, tocadas pelo espírito punk, cruzaram as estradas (e os estados) em vans, apresentaram-se em palcos improvisados, às vezes só pela diversão e pelo dinheiro da gasolina, e sonharam em ser os reis daquela pequena mas fervilhante e fiel cena que se formava. Um dia, subitamente, elas dominariam o mercado de discos e a MTV — só para depois, tão rapidamente quanto chegaram, voltarem ao underground de onde vieram. Mas essa é a história do punk no mundo.

4.
OS REBELDES SEM CALÇA

Na periferia do desenvolvimento mundial, o Brasil viveu sua aproximação com o punk de forma gradativa, na mesma medida em que esse impulso primordial do pop ia se formatando lá fora. País canhestramente capitalista, que sofreu uma explosão urbana no pós-guerra (responsável pelo inchamento de cidades como Rio e São Paulo e a conseqüente expulsão dos mais pobres e miseráveis para os subúrbios distantes e favelas), ele foi vítima (mais uma vez em sua história) da desenfreada importação de valores culturais. A diferença é que eles não vinham mais da França — *au revoir frou-frous!* — e sim da potência vencedora da guerra, à qual o Brasil passara a ser totalmente subordinado: os Estados Unidos da América. O que era bom para os americanos passou a ser bom também para nós. Com o caminho sendo aberto por uma política "da boa vizinhança", levada a cabo desde a época do conflito pelos mais diversos "embaixadores culturais", o cinema yankee tomou o Brasil de assalto, estabelecendo novos padrões de comportamento. O galã que sabia dançar e puxava o isqueiro para acender o cigarro da dama passou a ser o reflexo da ambição masculina dos pós-tupiniquins. Os casais dançavam comportadamente nos bailinhos ao som de Nat King Cole ou da orquestra de Ray Conniff. As moças sonhavam em casar virgens e louras como Doris Day. Dependendo da temperatura do ar condicionado e da quantidade de cuba libre ingerida, sim, Hollywood era aqui.

Como em toda exportação cultural movida pela inércia do lucro fácil, o produto subversivo e indesejado também acabou aportando no Brasil. No caso, o rock da juventude perdida e os filmes por ela inspirados. Num mundo que poucos anos antes tinha assistido à maior chacina de jovens de toda a história da humanidade — de que outra forma chamar a Segunda Guerra Mundial? —, quem tinha entre 15 e 25 anos de idade naqueles meados da década de 50 teve que repensar toda a sua existência e o seu futuro. O raciocínio de muitos era este: foram os velhos que mandaram os garotos para morrer na guerra, não? Então vamos bater de frente com eles e viver cada dia como se fosse o último antes que nos tornemos... os velhos. A juventude de classe média alta do Brasil captou essa mensagem universal (apesar de aquele mundo nem ser tão globalizado quanto o dos 90) e fez do rock a sua primeira linguagem de rebeldia (aparentemente) sem causa.

Esse princípio de macaqueamento dos americanos se deu de forma ingênua, mas empolgante. Assim que chegaram ao país os primeiros discos de Elvis, Little Richard, Chuck Berry, Bill Haley e Seus Cometas e outros mais inofensivos como os de Paul Anka, Neil Sedaka e Pat Boone, a moçada se coçava de ansiedade por experimentar os efeitos desse ritmo maldito na terra do samba-canção e do bolero. Na improvável Taubaté, Tony Campello (que ajudou a irmã Cely a inaugurar o rock no Brasil com o "Estúpido Cupido") foi um dos primeiros a se arriscar. A experiência, ele próprio contou em depoimento publicado no prefácio do livro *ABZ do rock brasileiro*, de Marcelo Dolabela:

> "No começo de 55, formei um conjunto (Ritmos Okey). Fomos contratados pelo Country Club local, onde cantávamos sambas, baiões e boleros. Numa certa ocasião, além dessas músicas, ensaiamos três ou quatro números de rock n' roll e tocamos no clube. Foi interessante e cômico. Quando começamos, ninguém dançava. De repente, um casal de São Paulo começou a dançar, os outros aderiram e o baile pegou fogo. Mas logo apareceu o diretor social do clube, mandando parar. Então olhei para o grupo e, aproveitando os gritos de "pára! pára! pára!", eu, os músicos e a garotada continuamos mais alto e mais forte a cantar e bater palmas, no ritmo do rock. A turma não parou e o rock continuou. Após essa apresentação, suspenderam o conjunto por atentado à moral e aos bons costumes".

Guardadas as devidas proporções, não parece o impacto dos primeiros shows dos Sex Pistols? Mais estava por vir. Na mesma época, em São Paulo, capital, uma outra turma estava tomando ao pé da letra a lição dos rebeldes americanos, com resultados bem mais impactantes: jovens ricos que curtiam ouvir rock, ir a bares de *strip-tease*, andar de lambreta, tomar uma *bolas*, apedrejar botequins de periferia e — o ápice — entrar a toda na Rua Augusta, sem respeitar sinais, jogando o carro contra outros para que eles desviassem. Era a Juventude Transviada (tradução, aliás, que recebeu o mítico filme com James Dean *Rebel Without a Cause*, de 1955). "Nós somos da juventude, / Da juventude transviada. / O lema da nossa escola / É a lambreta e a Coca-Cola. / Elvis é o nosso mestre / E Pat Boone, o diretor. / Na nossa primeira aula / Nós aprendemos o rock n' roll" — eis o hino desses garotos paulistas (e também cariocas), com seus topetes e casacos de couro, tentando lidar com a vaga falta de sentido para a vida (na mesma época, os existencialistas tentavam fazer o mesmo na França, só que com poesia e sem as guitarras ensandecidas). O grito de guerra dessa rapaziada era: "Somos a turma do choque / Que o tira e o burguês assusta! / Atuamos como bodoque / Ao longo da Rua Augusta". Em fevereiro de 1957, o juiz de menores Aldo de Assis chegou a entrar com um pedido ao governo para que o rock fosse proibido em todo o estado de São Paulo. Segundo ele, a música provocava "uma verdadeira explosão libidinosa".

Essas gangues da primeira "geração Coca-Cola" (não a que seria cantada quase 30 anos depois pela Legião Urbana) começaram suas atividades depredando cinemas como o Cine Paulista (onde mais? na Rua Augusta) durante a exibição do "instigante" *No Balanço das Horas* (que tinha "Rock Around the Clock", de Bill Haley, na trilha sonora). A balbúrdia se repetiria no Rio com o mesmo filme, no Cine Roxy, em Copacabana. Crônicas musicais dessa época de rebeldia não tardaram a aparecer: "Entrei na Rua Augusta a 120 por hora / Botei a turma toda do passeio pra fora / Fiz curva em duas rodas sem usar a buzina / Parei a quatro dedos da vitrina / Legal!", cantou já na década de 60 Ronnie Cord (Ronald Cordovil), naquele que foi o primeiro grande rock brasileiro, "Rua Augusta", escrito por seu pai, Hervê Cordovil, que, ironicamente, era um tradicional compositor de baiões e sambas, parceiro de Noel Rosa e Lamartine Babo, autor do popular "Sabiá na Gaiola". Johnny ou Alfredo, quem era daquela gangue não tinha medo — tinha sim carro sem breque, sem luz e sem buzina, com três carburadores, todos os três envenenados. Carro que só parava na subida quando acabava a gasolina e só passava se tivesse sinal fechado.

No Rio de Janeiro, a juventude transviada acabou ficando conhecida pela via da tragédia. Os jornais estampavam: uma das abomináveis práticas dessa garotada perdida (junto com a incineração de mendigos) era a curra (estupro). Pois na noite de 14 de junho de 1958, estatelou-se na calçada da Avenida Atlântica o corpo de Aída Curi, 18 anos. Pelas escoriações, descobriu-se que não se tratava de um suicídio, mas provavelmente de uma tentativa de curra seguida de homicídio. Logo, chegou-se a Ronaldo Guilherme Sousa Castro e Cássio Murilo Ferreira da Silva, dois "transviados", que teriam atraído a moça para o 13º andar do prédio e cometido o assassinato, já que ela, muito religiosa, teria preferido a morte à perda da honra. Foi um prato cheio para os jornais, que, além dos dois criminosos, acabaram por satanizar todos aqueles rapazes de casacos de couro e lambretas que se reuniam no bar Mau Cheiro, no Arpoador, e gostavam de passear com suas meninas, de madrugada, pela ainda deserta Barra da Tijuca. Ronaldo e Cássio eram a face denegrida daquela mesma turma que ajudaria a fazer o parto do rock carioca na Rua do Matoso, na Tijuca. Essa *gangue do Matoso*, liderada pelo compositor Carlos Imperial (especialmente na confusão do cinema Roxy), logo deu frutos: jovens que assinavam Erasmo Carlos, Roberto Carlos e Tim Maia e que por lá formaram os Sputniks, banda que se preparava para balançar o coreto da música brasileira usando a cartilha de Elvis-Richard-Berry.

Com os *irmãos* Carlos, veio a primeira legítima revolução pop brasileira: a Jovem Guarda, programa de TV capitaneado por Roberto, que foi pela primeira vez ao ar em setembro de 1965 e, a partir daí, virou rótulo para toda uma geração de jovens músicos do Rio e São Paulo que tentava pegar carona na beatlemania. A inspiração para o batismo (pelo publicitário Carlito Maia) veio de Lênin: "O futuro pertence à Jovem Guarda, porque a velha está ultrapassada". Apesar de a ingenuidade ser a marca de suas músicas, artistas como Erasmo, Wanderléa, Eduardo Araújo, Renato e seus Blue Caps, Bobby de Carlo (de "O Tijolinho", gravado em versão punk rock nos anos 80 pela Patife Band) e Sérgio Reis (de "Coração de Papel", que sofreu "violência" semelhante nas mãos do Não Religião) lograram pavimentar a estrada para o punk ao popularizarem no país as guitarras elétricas (sempre instrumentos de rebelião) e o rock cantado em português, mesmo que em sofríveis versões de canções americanas, britânicas e italianas.

Em seus primeiros dias como líder dessa geração, Roberto Carlos (que, aliás, começara a carreira cantando bossa à maneira de João Gilberto) ensaiou um (saudoso) mau comportamento ao cantar letras como as de "É Proibido Fumar", "Festa de Arromba", "Parei na Contramão" e "Quero que Vá Tudo pro Inferno". Em termos de potencial subversivo, a Jovem Guarda, porém, não era mais do que um programa de televisão atrelado à indústria do disco e à dos demais produtos jovens. Roberto logo estaria entregue à canção romântica (da qual é o mestre até hoje, apesar dos desvãos religioso-ecológicos). Já seus amigos tomariam novos rumos antes mesmo do fim do programa, em 1969. O rock de verdade no Brasil rumou para as garagens, onde garotos com guitarras e baterias se alimentavam do som sujo que ecoava nas garagens dos Estados Unidos e ensaiavam com suas bandas hoje esquecidas — The Brazilian Bitles, Os Baobás, The Sunshines etc.

Alienação — desconhecimento da real situação de um país em que o povo passava fome por causa da desigualdade de renda e no qual as liberdades estavam sendo restringidas pelo regime militar. A Jovem Guarda era o símbolo da alienação, acusavam os jovens militantes de esquerda do Brasil pós-64. Enquanto os nossos roqueiros viviam sua simulação de Liverpool, estes outros tentavam revelar um Brasil genuíno, de um povo que não abaixava a cabeça diante do chicote. Eram tempos de Geraldo Vandré, autor de "Disparada" (e mais tarde da audaciosa "Para Não Dizer que Não Falei de Flores"), e do espetáculo *Opinião* (existia então algo mais punk do que Maria Bethânia cantando "Carcará"? — "Carcará, / Pega, mata e come. / Carcará, / Mais coragem do que homem. / Carcará, / Não vai morrer de fome."). Sempre muito próxima do samba e do baião — a música do povo brasileiro —, a esquerda abominava as guitarras, de forma que em meados dos 60 o poder explosivo do rock mantinha uma grande distância da fagulha da contestação política. Nos EUA, alguns anos depois, Jimi Hendrix estaria pervertendo o hino americano em sua guitarra, como forma simbólica de protesto contra o envio de jovens ao Vietnã.

M Punk do B

Um parêntese: seria uma injustiça deixar de citar que, mesmo antes da eletricidade, a música brasileira tinha lá os seus punks espirituais. Gente como Noel Rosa, que nasceu em dezembro de 1910 e teve que carregar no queixo (ou o que sobrou dele), 26 anos de vida afora, a marca do fórceps que lhe quebrou a mandíbula ao nascer. Educado no São Bento, tradicional colégio do Rio de Janeiro, ele logo descobriu que o violão era mais útil que os livros em sua aproximação com a humanidade. *Outsider* por natureza, Noel se assumiria como tal aos 21 anos, quando abandonou a universidade para cair no samba e na boemia, coisa inadmissível para rapazes de família. Descuidado da saúde já frágil (e também da aparência, uma vez que andava sempre com ternos amarrotados), Noel vivia metido em rodas de samba e bebedeiras madrugada adentro e não tardou a contrair pneumonia — o mal do século do seu tempo. Morreu jovem, mas não antes de deixar uma das obras mais sólidas da música popular brasileira, de canções como "Conversa de Botequim", "Três Apitos", "Com que Roupa?" e a definitivamente pré-punk "Último Desejo" ("Às pessoas que eu detesto / Diga sempre que eu não presto / Que o meu lar é um botequim / Que eu arruinei a sua vida / Que eu não mereço a comida / Que você pagou pra mim"). Outro nome do samba compartilharia mais tarde com ele do espírito punk: Nelson Cavaquinho, que com sua voz rouca cantaria preciosidades como “A Flor e o Espinho” (parceria com Guilherme de Brito, que escreveu os lendários versos “Tire o teu sorriso do caminho / Que eu quero passar com a minha dor”), “Luz Negra” e a emblemática “Juízo Final”, que chegou a ser tocada, nos 80, pela Legião Urbana.

Aracy de Almeida, cantora favorita de Noel e sua freqüente parceira de boemia (algo impensável para uma mulher em 1937), se tornaria outra dessas fundamentais figuras pré-punk brasileiras. Irreverente na mocidade (conta-se que ela teria sugerido a Antônio Maria uma paródia de “O Orvalho Vem Caindo”, de Noel, chamada “O Ovário Vem Caindo”, para um *jingle* de regulador feminino), ela encerrou carreira com o mesmo humor como a implacável jurada do programa de calouros de Silvio Santos (“Vou dar dez paus” — quem não lembra? — era o seu bordão). Outra mulher fundamental foi Maísa Monjardin, que largou o marido milionário no fim dos anos 50 para cantar seus doloridos sambas-canção e fazer o que bem entendesse — inclusive atacar o público barulhento com as pedras de gelo do seu uísque.

Maísa acompanhou o surgimento da bossa nova, música que teve uma mão de outro *outsider* da música brasileira, João Gilberto — músico baiano tido como arredio e temperamental que, na década de 50, andava por Copacabana cabeludo, barbudo e com roupas amassadas, esperando uma chance para sua música “estranha”. Quando a chance chegou, João sofreu a mais violenta das reações: o compacto de “Chega de Saudade” foi quebrado pelo diretor de vendas da Odeon em São Paulo, aos gritos de: “Esta é a merda que o Rio nos manda!”. Depois, o cantor ousaria ainda mais com “Desafinado” e a bossa nova faria a revolução da música brasileira em termos sutis e estritamente musicais. Afinal, como é possível alguém ser punk cantando o amor, o sorriso e a flor?

Na onda da bossa, despontou, porém, uma voz de irreverência. “Amadrinhado” por Aracy de Almeida (quem mais?), o carioca Juca (Jurandyr) Chaves gravou um disco de 78 rpm com as canções “Presidente Bossa Nova” e “Tô Duro”. Como estava de fato na situação sugerida pelo título e a gravadora não havia liberado dinheiro para a festa de lançamento do disco, resolveu fazer como podia: comprou um barril de chope, alguns sanduíches e reuniu passantes e mendigos no Viaduto do Chá, “quinto degrau, lado esquerdo de quem sobe”. O disco foi um sucesso com a propaganda negativa (Malcolm McLaren teria muito o que aprender com Juca Chaves) e não foi preciso muito mais para que a censura encrencasse com o cantor — o que, mais tarde, seria uma constante, tendo em vista a liberdade que tomava em seus discos satíricos. Mas Juca venceu na Justiça a batalha contra os censores e ainda conseguiu marcar uma audiência com o presidente Juscelino Kubitschek — à qual compareceu descalço. Depois, ele ainda faria sucesso satirizando seu avantajado nariz em "Meu Nasal Sensual". Ainda no fim dos anos 50, outro carioca (de nascimento) começava a compor canções nada adequadas àquela época de flor e amor, como "Olhar Bestial" e "O Vampiro" ("No meu corpo sangue não corre não / Corre fogo e lava de vulcão"). Era Jorge Mautner, que com seu violino entrou jovem guarda adentro gravando em compacto a canção "Radioatividade" (em 65) e fundando o Partido do Kaos.

Chiclete, Banana e Veneno

Uma primeira aproximação entre o rock e a música brasileira mais típica se deu em outubro de 1967, por obra e graça de dois baianos que, assim como Roberto, tinham começado a vida musical inspirados pela bossa nova: Gilberto Gil e Caetano Veloso, que apresentaram suas músicas (respectivamente "Domingo no Parque" e "Alegria, Alegria") no III Festival de Música Popular da TV Record, acompanhados — escândalo! — por bandas que brandiam instrumentos elétricos e estridentes (na ordem, os Mutantes e os argentinos Beat Boys). Foi o começo do movimento tropicalista e de muito problema para os roqueiros no Brasil. Detalhe: dois meses antes, Gil havia participado, em São Paulo, de um protesto contra a invasão do iê-iê-iê no Brasil, a "passeata contra as guitarras", junto com Geraldo Vandré, Edu Lobo, Elis Regina e o MPB-4. Conta-se que o baiano o fez para não desagradar Elis, sua madrinha artística e paixão secreta.

Começava aí o Tropicalismo, movimento liderado por Caetano e Gil, com participações fundamentais de Tom Zé, Gal Costa, do poeta Torquato Neto e do maestro Rogério Duprat, entre outros. Mesmo que alguns punks não reconheçam nos tropicalistas a base da sua revolução na música brasileira, ao menos terão que admitir que o movimento serviu como exemplo libertário. Com um ideário que incorporava a anarquia televisiva de Chacrinha, o esplendor de Carmen Miranda, a Jovem Guarda e os estertores da dramaticidade (alguns diriam breguice) de Vicente Celestino, eles instituíram o ultraje na mídia brasileira, em especial depois do programa de TV *Divino, Maravilhoso*, que em 68, junto com todo tipo de provocação, mostrava uma mesa da Santa Ceia cheia de bananas. Um show dos Tropicalistas no Rio chegou a ser suspenso por causa da bandeira que o artista plástico Hélio Oiticica fez a partir da foto do bandido Cara de Cavalo, com a inscrição: "Seja marginal, seja herói" (outro ícone pré-punk).

Mas a grande ação punk do Tropicalismo se daria em 1968, quando Caetano voltou ao Festival da Record para apresentar, desta vez com os Mutantes, a canção "É Proibido Proibir", composta a partir de um dos slogans pichados nas paredes de Paris pelos estudantes rebeldes do maio de 68. A tensão política provocava faíscas no ar do teatro. Em busca de música engajada, a platéia vaiou violentamente a participação do baiano, que subiu nas tamancas. "Que juventude é essa? Vocês jamais conterão ninguém. Vocês são iguais sabem a quem? Àqueles que foram na *Roda Viva* e espancaram os atores! Vocês não diferem em nada deles (...) O problema é o seguinte: vocês estão querendo policiar a música brasileira", bradou, entre outros impropérios, ditos em texto impecável e antológico. O alvo eram os jovens militantes de esquerda, que tiveram seu dogmatismo ironizado, no mesmo Festival, por Gil, na desclassificada "Questão de Ordem" (quem participou de movimento estudantil sabe a carga de autoritarismo embutida na frase). A música era uma experimentação repleta de ruídos hendrixianos (quem diria, Gil?), gritos e gemidos.

Em meio a desaforados apelos ao júri para que também o desclassificasse ("Eu não tenho nada a ver com isso. Gilberto Gil está comigo, para nós acabarmos com o festival e toda a imbecilidade que reina no Brasil!"), Caetano inaugurava a era das atitudes punk nos palcos brasileiros (bom, não se pode esquecer que, no Festival de 1967, Sérgio Ricardo quebrou seu violão diante dos que vaiavam sua "Beto Bom de Bola"). De lambuja, esse ato sacralizou entre o senso comum um racha cultural: a música brasileira não-contaminada foi definitivamente instituída como a trilha-sonora das esquerdas que partiram para a luta (principalmente depois da decretação, em 13 de dezembro de 68, do Ato Institucional nº 5) e o rock, como a dos que optaram pela via do desbunde, da revolução hippie. Depois de presos pela ditadura (tudo porque queriam mudar a música brasileira, nada mais), Gil e Caetano preferiram se exilar em Londres em 69. Gal Costa ficou no Brasil para defender a bandeira do Tropicalismo naqueles dias de chumbo. No LP *Gal Costa*, de 69, os brasileiros puderam ouvi-la gritando a esmo, a plenos pulmões (junto com um ensandecido Gilberto Gil), sob guitarradas demolidoras.

Com a cisão na cultura brasileira, os Mutantes de Rita Lee e dos irmãos Arnaldo e Sérgio Baptista optaram pelo melhor caminho: o seu próprio. Garotos paulistas com toda a irreverência da idade, eles também podem ser considerados pais (ou melhor, tios) espirituais do punk brasileiro. Em 1966, antes de a banda existir, Rita e Arnaldo participavam do grupo de jovem guarda O'Seis, cujo primeiro compacto trazia duas músicas de temática, digamos, estranha: "O Suicida" e "Apocalipse". "Todos tentam escapar / Mas é inútil viver / Tudo vai se aniquilar / E a humanidade perecer", dizia a letra da segunda, escrita pela cantora, com inspiração na série de TV *Além da Imaginação*. Quinze anos depois, ela até que não ficaria mal berrada, quem sabe, pelo Olho Seco.

Fenômeno sem precedentes no rock brasileiro (tanto em termos de invenção sonora quanto de atitude), os Mutantes realizaram suas façanhas punk. A maior delas (depois de atirar bombinhas na sede da TFP) foi a versão de "Chão de Estrelas" (clássico seresteiro de Orestes Barbosa e Sílvio Caldas), presente em seu terceiro disco, *A Divina Comédia ou Ando Meio Desligado*, de 1970. Com recursos musicais e sonoplásticos, eles se encarregaram de avacalhar com toda a poesia da letra. Em seguida, os Mutantes exercitariam um humor típico da geração de Johnny Rotten com o hilariante rock "Posso Perder Minha Mulher, Minha Mãe, Desde que Eu Tenha o Rock n' Roll", do disco *Mutantes e seus Cometas no País dos Baurets* (72). Depois disso, a banda passou a seguir, sob a orientação de Arnaldo Baptista, o caminho sem volta do rock progressivo. Coube então a Rita cuidar da herança de sarcasmo e malandragem, bem expressa em uma de suas mais definitivas frases: "Roqueiro brasileiro sempre teve cara de bandido".

O embrião do punk brasileiro podia ser percebido no trabalho de outros artistas daquela primeira metade dos anos 70 — em especial aqueles que acabaram recebendo o equivocado rótulo de "malditos". O maior deles, Jards Macalé, carioca inicialmente ligado aos tropicalistas, que ganhou o seu quinhão de vaias em 1969, durante o IV Festival Internacional da Canção, no Maracanãzinho. De bata e espessa barba preta, ele gritava no palco, sob a zoeira de guitarras elétricas: "Cuidado! Há um morcego na porta principal!". Era "Gotham City" (parceria com o baiano José Carlos Capinam), canção na qual este carioca recorria ao universo das histórias em quadrinhos para construir uma metáfora daqueles tempos pesados. Depois deste *happening* (repetido nos anos 80, em disco e show, pelos baianos do Camisa de Vênus), Macalé ainda fez outras canções fortes — "Só Morto" e "Farinha do Desprezo" (com Capinam, também gravada pelo Camisa), "Meu Amor Me Agarra & Geme & Treme & Chora & Mata" (com Torquato Neto).

Em 73, pelo menos uma década antes de o Cólera estampar a Declaração Universal dos Direitos Humanos no encarte de seu LP *Pela Paz em Todo Mundo*, Macalé leu trechos do documento (que completava 25 anos e tinha sentido todo especial naqueles tempos de tortura) no festival *O Banquete dos Mendigos*, organizado por ele no Museu de Arte

Mestre da morbeza (morbidez + beleza), Jards Macalé teve, com sua irreverência, um papel fundamental na aclimatação da filosofia punk em solo brasileiro.

Moderna carioca. Com as participações de Paulinho da Viola, Chico Buarque, Luiz Melodia, Mautner, Gal, Raul Seixas, entre outros, o festival virou disco, logo apreendido pela Censura. No ano seguinte, o cantor e compositor encaminhou-se para a linha da "morbeza (morbidez + beleza) romântica" — os punks lá fora, curiosamente, experimentaram caminho semelhante no pós-punk — no disco *Aprender a Nadar*. O show de lançamento foi feito na barca Rio-Niterói. O clímax era quando Macalé se jogava na Baía de Guanabara. Pouco? Em 75, no Festival Abertura da Rede Globo, ele recebeu vaias e aplausos ao cantar "Princípio do Prazer" ao mesmo tempo em que comia pétalas de rosas.

O paulistano Walter Franco foi outro a dar dicas do novo espírito que viria da Inglaterra anos depois com os Sex Pistols. Ele também começou sua carreira de incompreensão num festival — o VII Festival Internacional da Canção, em 1972 — com a canção "Cabeça". Na verdade, uma alucinada superposição de várias gravações de gemidos, sussurros, gritos e da voz de Walter recitando a letra. Seu primeiro LP, *Ou Não* (capa branca, só com uma mosca no centro) saiu em 73 com "Cabeça" e a irada "Mixturação" ("Eu quero que esse teto caia / Eu quero que esse afeto saia"), entre outras músicas. Reconhecidamente inovador, ele foi no entanto recordista de devoluções das lojas (relançado em CD em 94, também pouco se ouviu falar dele), tendo influenciado a realização de outro disco "maldito", o experimental *Araçá Azul*, de Caetano Veloso, que teve o mesmo destino entre o público. Cada vez mais reservado, Walter Franco teria reconhecimento punk nos anos 80, quando o Camisa de Vênus regravou sua catártica "Canalha".

Os primeiros ecos do punk tal-qual-o-conhecemos chegaram ao Brasil a partir de 1977 através da imprensa. "Depois de toda a solenidade vazia do rock-sinfônico e do elitismo técnico-instrumental do jazz-rock, chegou a vez do bom-humor voltar à música popular anglo-americana", anunciava o arauto Ezequiel Neves, em março de 77, no artigo "A vez do punk, um rock mais grosso. Mas muito gozado", publicado na revista *Homem*. O termo já era o inglês, mas ele comentava discos do pré-punk americano, que estavam sendo lançados no Brasil: *Ramones*, *The Runaways*, *Radio Ethiopia* (Patti Smith) e *Rock and Roll Heart* (Lou Reed). Aos poucos, chegavam as notícias da Inglaterra. Em texto para a revista *Amiga*, o "mago" Paulo Coelho tentava decifrar o movimento que abalava Londres: "Os jovens desempregados, sem perspectivas, que não tiveram como canalizar a agressão de uma forma produtiva, começaram a fazer música como alternativa para a água com açúcar de Rod Stewart".

"Há futuro nos punks?", perguntava por sua vez a revista *IstoÉ*, em novembro de 1977, comentando algumas adesões da classe artística brasileira à onda inglesa.

Entre elas, estava a dos irreverentes paulistanos do Joelho de Porco, que entraram 1978 com cabelos arrepiados à moda Rotten, smokings e pinturas faciais como as do Kiss. Era, mais do que qualquer outra coisa, uma jogada de marketing do empresário da banda para lançar o disco *Joelho de Porco*, como admitiu em entrevista o baterista Roberto "Juba" Gurgel (que na década seguinte estaria tocando com a Blitz): "Esse negócio de punk é muito comercial. Eu acho também, musicalmente, muito pobre". A filiação a essa estética, no caso do Joelho, era, na verdade, um elemento cênico a mais na série de sátiras musicais perpetradas pelos líderes Tico Terpins e Billy Bond, como é o caso de "Mardito Fiapo de Manga", "México Lindo", "Rapé" e "Cruzei os Meus Braços... Fui um Palhaço". Os garotos verdadeiramente punks que surgiriam meses depois em São Paulo, em sua maioria, não partilhariam desse humor. Enquanto uma discussão séria não acontecia, os estilistas faziam a festa. A grife paulista Ellus lançava uma "moda punk" e a Blu Blu, do Rio, uma camiseta com a palavrinha estampada, denunciava a *IstoÉ*. Depois veio a onda dos vários brincos em uma orelha só. "A moda já pegou no Brasil e, como é punk, não faz restrição aos sexos, servindo indiscriminadamente para homens e mulheres", dizia um editorial de moda de novembro de 1977. Ó Céus!

Tardou, mas em 1978, veio o primeiro questionamento embasado dessa importação cultural, o audiovisual *O Punk na República dos Tupiniquins*, do jornalista Marco Antônio Lacerda e do fotógrafo Bernardo Magalhães, ambos mineiros.

> "Se o punk é o pobre, o lixo e a violência, então podemos dizer, sem medo de errar, que o Brasil é a vanguarda do punk (...) Punk no Brasil é contradição, *nonsense*, absurdo total. Mas é também o deboche tropical, *la salerosidad*. Importamos punk da Europa mesmo já o tendo em nosso dia-a-dia. Nossa vida é punk, nossa música é punk, são punk nossas ruas, nossas cidades, o próprio sistema em que vivemos."

Em 35 minutos de texto e música e 280 fotos, o audiovisual expunha a tese de que o punk — revolução das classes pobres na Inglaterra — não teria lugar entre a cultura brasileira, a menos que uma máquina do

Os paulistanos do Joelho de Porco trouxeram a estética punk para o Brasil. Só que muito mais como um elemento cênico do que como germe da anarquia musical-comportamental.

tempo conduzisse todos até antes do Tropicalismo (Clemente, líder dos Inocentes, derrubaria essa tese, em frase histórica, reproduzida no começo do próximo capítulo). De qualquer forma, está registrado que Lacerda e Magalhães encontraram em plena Belo Horizonte, já naquela época, uma banda inspirada nos Sex Pistols — provavelmente a Banda do Lixo, pioneira do punk Brasil, que surgiu em 1978, liderada por Luís Sacramento. Para os dois, essa moda não precisava ser importada. "Se na Inglaterra o punk é o rock dos desempregados, aqui é o samba da multidão de desocupados que vaga pelas praças da República, pelos cinemas do subúrbio. Quem sabe algum dia esses jovens se reúnam e resolvam protestar contra a absurda organização que os obriga ao ócio", indagavam-se.

Enquanto isso, a música continuava rolando. Até o fim de 1977, o público brasileiro era mantido à base de uma magra dieta de lançamentos, que incluíam o disco de estréia do Clash, *Pure Mania* (Vibrators), *Teenage Depression* (Eddie & The Hot Rods) e a coletânea *Punk Rock*, com faixas do Eddie, Sex Pistols, Ramones, The Jam, Runaways, entre outros. O país ainda engatinhava, tentando acompanhar os largos passos desse novo som no começo de 78, quando aportaram no Rio Steve Jones e Paul Cook, dos então recém-dissolutos Pistols. Passaram como dois típicos turistas ingleses beberrões, ciceroneados por Ronald Biggs. Foram ao Pão de Açúcar, intrigaram-se com as cuícas (que Jones definiu como "wanking machines" — máquinas de masturbar), foram a um show de Raul Seixas (do qual, como era de se esperar, não gostaram), tiraram fotos na praia (que saíram no encarte do disco *The Great Rock n' Roll Swindle*), deram calotes em restaurantes e, é claro, gravaram duas músicas com Biggs, que era a intenção original da viagem.

O painel musical brasileiro, porém, fazia muitos ansiarem por uma sacudidela como a que o punk rock havia provocado na Inglaterra. No ano de 1977, as rádios viveram dos sucessos do "Rei" Roberto Carlos ("Amigo", "Falando Sério", "Cavalgada"), do romantismo torturado de Peninha ("Sonhos"), da explosão dançante de Sidney Magal ("Amante Latino", "O Meu Sangue Ferve por Você") e de muita música pop amena, nas vozes do Abba ("Dancing Queen", "Fernando"), Peter Frampton ("Show Me the Way", "Baby I Love Your Way"), entre outros. Já 1978 seria o ano de... mais trilha sonora de motel, a cargo de Roberto Carlos ("Café da Manhã", "Outra Vez", "A Primeira Vez"), mais Magal ("Sandra Rosa Madalena") e do ataque maciço da discothèque, feito quase que exclusivamente com produtos estrangeiros. O que se ouviu foi uma repetição incessante de músicas como "Automatic Lover" (Dee Dee Jackson),

"Don't Let Me Be Misunderstood" (Santa Esmeralda), "Macho Man" (Village People), "Dance a Little Bit Closer" (Charo and Salsoul Orchestra), "Rivers of Babylon" (Boney M) e, é claro, "Stayin' Alive" e "Night Fever", dos Bee Gees, que foram trituradas nos ouvidos jovens pelo filme *Os Embalos de Sábado à Noite*, estrelado pelo então emergente John Travolta ("homenageado" mais tarde, como veremos, pelos punks paulistas). A novela *Dancin' Days*, da Rede Globo, se encarregaria de propagar, em cadeia nacional, os prazeres de se passar a noite dançando música negra americana sob luzes estroboscópicas refletidas por um globo de espelhos. As Frenéticas, grupo inventado por Nelson Motta, foram a exceção à regra de importação, cantando (em português) o tema de abertura.

Era uma questão de tempo (e de falta de paciência) até que, contra todos os teóricos de plantão, o rock e a filosofia punk fossem frutificar entre um bando de adolescentes da periferia de São Paulo. E que a história do rock brasileiro começasse a ser escrita de baixo para cima, com letras rudes, acordes imperfeitos e palavras rabiscadas no calor do momento.

João Gordo (ainda não tão gordo), um moicano da platéia e o guitarrista Jão: são os Ratos de Porão desfilando a sua potência hardcore no palco.

5.
GAROTOS DE SUBÚRBIO

"Nós estamos aqui para revolucionar a MPB. Para pintar de negro a asa branca, atrasar o trem das onze, pisar nas flores do Geraldo Vandré e fazer da Amélia uma mulher qualquer."
(Clemente, dos Inocentes)

Como é bom ser punk / Comer toda uma jaca / Entrar num coletivo / Vomitar na catraca / Como é bom ser punk / Só uma coisa me dói / É esperar o apocalipse / Tendo que ser office-boy
(Trecho de "Como É Bom Ser Punk", de Carlos Melo, faixa-título do disco lançado em 1985 pelo grupo paulistano Língua de Trapo)

Mil novecentos e setenta e sete, Brasil. Mais especificamente, periferia de São Paulo. Ernesto Geisel governava o país executando a chamada "distensão". A mão de ferro começava a se abrir, mas mesmo assim o clima político continuava pesado. A Censura ainda era muito atuante, privando o público de boa parte da produção artística da época, principalmente a música inteligente e criativa. Não era fácil ser jovem, ainda mais naqueles bairros afastados do centro. Distante dos sonhos de consumo da classe média, um grupo de adolescentes se divertia da maneira que podia. A MPB não refletia o seu dia-a-dia e a música pop não fazia o sangue ferver. O que sobrava era o rock. Apesar de boa parte das bandas da cidade ter acabado ou se adaptado a outros gêneros, em São Paulo a cultura roqueira floresceu mais do que em outros cantos do país. Para aqueles garotos da periferia, não havia samba ou James Brown que aplacasse a ansiedade. O barato era se sacudir nos bailes ao som de Kiss, Alice Cooper, Black Sabbath e Led Zeppelin (que tocava em discos ou fitas), encher a cara e arrumar uma briga com um rival. Gangues roqueiras se formaram em diversos bairros da periferia — entre eles, Vila Carolina, onde vamos encontrar os adolescentes Ariel, Clemente, Zorro e o nem-tão-jovem Fábio (27 anos), que freqüentemente punha os discos de sua coleção para rodar nas vitrolas dos salões de rock. "Eu dava baile e aí vinha os moleques, pedindo para eu deixar entrar de graça."

Clemente Tadeu Nascimento, de 14 anos, fazia parte da gangue Os Ostrogodos. Gostava de andar sem rumo certo, vestindo um casaco de couro, junto com amigos como Índio. "Era uma coisa meio Hell's Angels", diz. "Tretas" (confusões) com as gangues de outros bairros eram comuns. "Adolescente, sabe como é, inevitável sair porrada." Gavião, Machado, Anjos do ABC, TNT (de Tremembé), Os Jacos Pretos e Lambreteiros eram algumas das facções rebeldes daqueles garotos suburbanos. "Era puro bairrismo, a gente brigava por causa da namorada, não sabia bem porque, mas brigava", explica João Francisco Benedan, da Vila João, que tinha 13 anos na época e mais tarde ficaria conhecido como o João Gordo dos Ratos de Porão.

A trilha-sonora favorita desse pessoal era o rock mais agressivo e direto: MC5, Stooges e New York Dolls e, de vez em quando, até uma coisa mais animada de Patti Smith, que tocavam em salões como o Templo do Rock, na Carolina, e o Construção, de Vila Mazei. "Eu não curtia o som comum, paz e amor, do Led Zeppelin", conta Ariel, 16 anos em 1977. "Led, Black Sabbath, tava tudo ficando muito chato", acrescenta Fábio, que certo dia tomou contato no rádio com o som de Sex Pistols e Ramones e The Jam. Quem apresentava essas novidades era o programa da Rádio Excelsior apresentado por Antônio Carlos Senefonte, 22 anos, mais conhecido como Kid Vinil. Fábio anotou os nomes das bandas e foi procurar em disco. Acabou achando todas na coletânea *A Revista Pop Apresenta o Punk Rock*. "Meu, era cada banda! Tudo simples e direto", lembra. Surgia o punk rock em sua vida e nas de tantos outros garotos da periferia de São Paulo.

"Quando li na revista *Pop* uma reportagem sobre os Sex Pistols, pensei: 'Meu, isso é tudo o que estava procurando!'. Descobri que era punk", revelou Zorro em 1994. Revoltado por ter estudado em colégio de padre, João Gordo, que era fã de Kiss e Led Zeppelin e andava com camisas de caveira para desgosto do pai policial, também não escapou aos Pistols. Sua iniciação foi feita ainda em 76, aos 12 anos:

> "Conheci os Sex Pistols de uma maneira bem gozada: fui ao dentista e tinha uma revista *Veja* com uma matéria sobre o movimento punk do Johnny Rotten, Malcolm McLaren etc. Achei aquilo horrível, falava do culto ao sujo, alfinetes de pressão, heroína, *no future*. Achei péssimo. Mas tive que voltar ao

Jovens tardes de domingo, tantas alegrias... Calegari, o guitarrista, Marcelino, o baterista, Mauricio, o vocalista e Clemente, o baixista. Velhos tempos em que eram todos Inocentes, 1981.

dentista e o filho da puta demorou para me atender. Sem ter o que fazer, reli a matéria. Curti tanto que acabei arrancando as páginas e levando para casa. Na mesma época, passou um clipe dos Pistols no *Fantástico*. Quer dizer, o principal agente por eu ter me transformado em um punk foi o próprio sistema, foi a revista *Veja* e a Rede Globo."

Em Vila Leopoldina, o roqueiro Jabá (Jarbas Alves) estranhou o novo som que o DJ deixava rolar nos bailes. "No começo eu detestava o punk. Achava que ia acabar com o meu clubinho de rock." Clemente também: "Achava que era moda". Mas quando saiu o compacto da revista *Pop*, ele já havia associado o punk à vida nas gangues da periferia e ao som "nervoso" que curtia nos bailes: "Aquilo [o punk] era uma coisa que fazia parte das nossas raízes". Ariel, que veio a conhecer a revolução de forma "meio distorcida", por intermédio dos artigos de Ezequiel Neves para a edição brasileira da *Rolling Stone*, também teve o estalo: "A gente já era tudo aquilo de que ouvia falar [nas revistas]. Usava tênis velho, calça rasgada e camiseta, gostava de encher a cara e ir para os salões de rock". Em pouco tempo, Fábio estava fazendo sucessivas jornadas ao Rio para comprar discos importados de Pistols e Jam na loja Modern Sound, e aquela garotada, formando suas bandas.

Em 1978, Clemente montou o N.A.I. (Nós Acorrentados no Inferno), que deu a base para o Restos de Nada, composto por ele no baixo, Ariel no vocal, Carlinhos "Charles" na bateria e Douglas na guitarra. O esquema não poderia ser mais *do-it-yourself*, vencendo todas as dificuldades que aqueles garotos, quando muito ganhando uns trocados como office-boys, poderiam ter. "Eu tocava com um baixo Rei que não tinha nem grave, nem agudo, nem médio", lembra Clemente. "A gente escutava falar que os caras lá de fora tocavam com instrumentos baratos, mas era tudo Marshall [uma das melhores marcas de amplificadores do mundo], Fender e Gibson [idem para guitarras]. Aqui, quem conseguia uma Giannini [das marcas brasileiras, a menos pior] estava no céu", conta Ariel.

O primeiro show punk de que se tem notícia em São Paulo foi realizado em dezembro de 1978, no porão de uma casa em construção, no Jardim Colorado, Zona Leste de São Paulo. Era onde morava Kid Vinil, que carregou todo o precário equipamento de som em seu Fusca. Na platéia, entre as cerca de cem pessoas reunidas, estavam punks de primeira hora, como Zorro, Calegari e Meire. No palco improvisado (a energia elétrica foi obtida com um "gato" no vizinho), apresentaram-se o Restos de Nada ("a gente tocava e subia pó de cimento", conta Ariel) e uma banda (mui propriamente) chamada AI-5.

O baixista, chamado Walson, mas também conhecido como Sid (pela semelhança com Sid Vicious), era balconista da Wop Bop, loja no Centro de São Paulo onde podiam ser encontrados os primeiros discos punk, como os compactos de "New Rose" e "God Save the Queen". A Wop Bop foi o primeiro ponto de encontro daqueles punks paulistanos. Completavam o AI-5 o vocalista Rato, o baterista Luiz e guitarristas diversos — o próprio Kid Vinil chegou a tocar por uns tempos, "até aparecer um guitarrista melhor". Esta banda não chegou a deixar registros fonográficos. No seu disco-tributo ao punk brasileiro, *Feijoada Acidente? — Brasil*, de 1995, os Ratos de Porão gravariam o clássico "John Travolta", homenagem de Walson ao sorridente astro americano, onipresente nos cinemas brasileiros com os filmes *Os Embalos de Sábado à Noite* e *Grease: Nos Tempos da Brilhantina*. A letra é pura brincadeira adolescente:

> *Eu não agüento mais ouvir falar em John Travolta, nem Olivia Newton John / Eu não suporto mais ouvir falar nem dos Bee Gees e da roqueira Rita Lee / Eu odeio John, odeio John, odeio John Travolta / Eu odeio John, odeio John, odeio John Travolta*

O AI-5 e o Restos de Nada seguiram se apresentando na periferia em porões, sociedades de amigos de bairro, escolas, casas e onde mais houvesse um espaço aberto. "A gente não podia falar que era punk, não tinha jeito. Falava que era um rock meio moderno", conta Ariel. No último show que as duas bandas fizeram juntas, no começo de 79, no Construção, estreou o Condutores de Cadáver, formado por Clemente (que deixara o Restos de Nada) no baixo, o velho amigo Índio (vocal e primeiro punk de São Paulo a usar cabelo com corte moicano, em 79), Marcelino (bateria) e Calegari (guitarra). "Naquele show, o público de rock queria bater na gente", diverte-se Clemente. Segundo ele, os Condutores foram a primeira banda a falar de festivais punk e a usar uma bandeira do Brasil (ainda sem a conotação nacionalista-xenófoba dos carecas). Até 1978, as bandas punk da cidade não se diferenciavam muito das gangues — tocavam não muito além de seus bairros e vendiam fitas cassete com suas músicas para os amigos.

No ano seguinte, tudo iria mudar quando Fábio Sampaio, o DJ da Carolina, resolveu abrir numa das galerias da 24 de Maio a Punk Rock

Discos — ponto que realmente aglutinou os punks da cidade. "Em seis meses aconteceu tudo", conta ele. Desempregado, depois de tanto vender discos para a Wop Bop, Fábio pensou: "Por que não abrir uma loja?". Em pouco tempo, ele viu uma série de punks que não conhecia aportarem por lá, quase todos com banda, mas sem uma organização básica. "Eu perguntava: Vocês tem uma fita gravada, uma demo? Eles nem sabiam o que era."

Uma das primeiras bandas que apareceu na Punk Rock foi o Cólera, de Edson Lopes Pozzi, o Redson, que trabalhava em uma imobiliária com o pai. Morador do Capão Redondo, ele desde cedo gostava de ouvir "sons que não eram muito pop" — MC5, Stooges e rockabilly. Chegou a tocar em uma banda chamada Tropa Maldita, mas de cara rejeitou o punk do Sex Pistols. "Não assimilei o *destroy*, a destruição sem explicar as intenções. Queria algo mais ideológico, mais pacifista. Havia aquele estereótipo do Sid Vicious, o pessoal começando a quebrar orelhão." Depois de ter até jurado que não iria se tornar punk, Redson capitulou depois de ouvir o punk rock engajado do Clash. "O segundo disco deles (*Give'em Enough Rope*) tem um raciocínio mais direcionado." Logo, estava assumindo vocais e guitarra e montando o Cólera com o irmão Pierre (ou melhor, Carlos Lopes Pozzi, bateria) e Val (Valdemir Paulo, baixo). Num dos ensaios do trio, Fábio apareceu com um gravador cassete e registrou a primeira fita da banda, com a música "Osso Oco". Aproveitando a animação de Redson, Pierre e Val, ele resolveu tentar cantar, com o acompanhamento instrumental deles, uma das letras que tinha escrito — nascia ali "Olho Seco", a música. A banda, por sua vez, seria formada com o baterista Sartana, mais o guitarrista e o baixista do Cólera, que fariam um biscate.

O agressivo nome veio de uma equipe de bailes. "O pessoal pedindo esmola dá vontade de você nascer cego", conta. Antes mesmo de ser roqueiro, Fábio escrevia rascunhos de letras, a maioria com observações sobre o cotidiano da cidade. Era o punk antes do punk. Ou como ele mesmo explica: "Você não é punk, você nasce punk". Desde cedo, Fábio se acostumou a fazer uma apurada observação do cotidiano de pobreza da cidade. "O pessoal chega à rodoviária, passa lá todo o dia, atravessa a [Avenida] Duque de Caxias e fica acampado." Daí nasceram sons como "Nada" (uma das primeiras músicas do Olho Seco):

> *Não se pode mais andar nas ruas de São Paulo / Fico esbarrando nesses bandos na calçada / E você, o que está fazendo atrás dessa mesa? / Nada, nada, nada / Nada, nada, nada*

In the city: Redson, Val e Pierre. O Cólera toma São Paulo de assalto com o seu *combat rock* em versão tupiniquim.

Nos anos 70, Fábio chegou até a cantar com alguns amigos em uma banda de rock. "Só que eles faziam música em inglês ou então tocavam as dos outros." Nada a ver com ele, que era, decididamente, um revoltado. "Em todo 'trampo' que eu trabalhei, era 'maior radical'. Se estava cabeludo, mandavam cortar, eu cortava e deixava a barba crescer. Quando ficava barbudo, mandavam raspar. Eu raspava e deixava o cabelo crescer. Aí fui trabalhar por conta."

Ariel é outro que expõe a afinidade filosófica entre os punks ingleses e aquela garotada da periferia de São Paulo: "A gente falava dos nossos problemas, as coisas que a gente via. Moleques de 16, 17 anos, os pais fudidos, tudo operário, os caras pobres, morando na periferia, tinha que falar do que estava sentindo. Contra o glamour do rock da época, Yes, a coisa sinfônica. A gente olhava pros caras e falava assim: a gente vai ter que estudar música a vida inteira pra tocar que nem eles". Para Ariel, mesmo que não houvesse o tráfico de informações, o sorrateiro contrabando de discos que passavam de mão em mão, o punk SP iria acontecer de alguma forma. "Falam em Malcolm McLaren, que criou [o punk]... Mas o rock estava num tal momento de estagnação, que não rolava mais nada. Você só ouvia falar que os caras do Led Zeppelin compraram castelo, o outro que anda de limusine, farras com champanhe caríssimo... Nossa realidade era muito diferente disso."

O punk não demorou a provocar incompreensão. Em São Paulo, ele começou a se manifestar ainda em 79, quando o movimento ainda nem estava estruturado. Em sua edição de dezembro, em reportagem assinada por Rivaldo Chinen, a revista *O Repórter* anuncia o nascimento de uma "Panquilândia" na estação de metrô São Bento, pintando seus freqüentadores como nazistas declarados, que tinham como diversão tomar leite com suco de limão para arrotar e sonhavam, um dia, com suas traquinagens, derrubar o sistema.

> "Eles dizem que não são mais de cem em São Paulo. No máximo, 150. Fora o ponto do metrô, reúnem-se em dois shopping centers, o Ibirapuera e o Iguatemi. Freqüentadores das páginas policiais — onde suas brigas são consideradas apenas rixas entre 'turmas de bairro' — os *pânquis* cultivam em paz seu ódio à sociedade e a paixão ao nazismo, forma que encontraram para 'contestar o regime político em que vivemos', como disse um deles."

No começo de 1980, já era possível ver os punks circulando abertamente pelas ruas do Centro de São Paulo. Os primeiros *points* foram o Largo de São Bento, na escadaria da estação do metrô (já que este é o seu meio de locomoção por excelência) e a Punk Rock Discos. "Ela passou a trazer o que a Wop Bop deixou de trazer", conta Kid Vinil. Além de apresentar àqueles garotos as novas bandas da Inglaterra, Fábio ainda teve a idéia de fazer intercâmbio com os punks do exterior, iniciando um heróico movimento subterrâneo de rock que iria culminar, no fim da década, com os mineiros *thrash metal* do Sepultura tornando-se astros mundiais sem nunca terem passado por uma gravadora multinacional. Ele informava, em entrevista: "Meus parentes alemães começaram a enviar discos de lá. Hoje (1982) nos correspondemos com a Irlanda, Holanda, Finlândia, Inglaterra. O Movimento punk é como religião; lá fora grita contra usinas nucleares, aqui contra toda a miséria, uma coisa mais subúrbio". Escrevendo "num inglês muito ruim", Fábio mandava cartas com fitas dos ensaios das bandas brasileiras, que, mais tarde, foram lançadas em coletâneas. "Comprava o *Melody Maker* e *New Musical Express* e tava lá. Mostrava pros caras: Tá aí, ninguém tá ganhando nada, mas tá ganhando nome, dizendo que aqui no Brasil não tem índio só", lembra.

Era o princípio da organização do punk em São Paulo. Redson começou a produzir suas primeiras fitas-coletânea (*Alarme Inicial*, *Destroy Fascismo* e *Caos Mental*) e o programa de rádio de Kid Vinil abriu espaço para todo esse som rapidíssimo da periferia paulistana, tocado com fúria e imprecisão e cantado do fundo das vísceras. Strombus, do Anarkólatras, criou em 1980 o primeiro fanzine, *Factor-Zero*. Depois vieram outros, como *SP Punk*, *Atentado*, *Espectro do Caos*, *Vix-Punk*, *Alerta Punk-1999* e *PDS: Punk, Desordem do Sistema*, que estavam sempre à venda na Punk Rock. Ao mesmo tempo, iniciava-se uma movimentação punk nas cidades do ABC, na época fervilhando com as greves e a atividade do nascente Partido dos Trabalhadores. Tudo começou com a gangue Carecas do ABC (ainda sem filiação com os *skinheads* da Inglaterra). Em pouco tempo, esses punks estariam se estranhando com os da capital.

Em 1981, surgiram duas das principais bandas do punk paulistano. No início do ano, deu-se o "parto" dos Inocentes, formados pelos ex-Condutores de Cadáver Clemente, Marcelino e Calegari, com o vocalista Mauricinho. A inspiração para o nome veio de uma canção de John Cooper Clark e um poema de Clemente, que dizia: "Não somos cúmplices das desgraças desse mundo". Uma de suas canções mais fortes dessa primeira formação dos Inocentes é "Garotos de Subúrbio" (que daria tí-

Nos anos 80, com Clemente nos vocais (saltando): os Inocentes dando seu recado, com letras líricas e politizadas, no palco do Lira Paulistana.

A cruz rachada: marca de uma banda que não teme sequer derrubar o mais sagrado dos símbolos cristãos.

tulo a um documentário de 45 minuto sobre o punk paulistano, realizado pela produtora Olhar Eletrônico).

> *Vagando pelas ruas / Tentam esquecer / Tudo que os oprime / E os impede de viver / Mas será que esquecer / Seria a solução / Pra dissolver o ódio / Que eles têm no coração / Vontade de gritar / Sufocada no ar / O medo causado pela repressão / Tudo isso tenta impedir / O garoto do subúrbio de existir / Garoto do subúrbio / Você não pode desistir de viver*

A outra banda é o Ratos de Porão, fundada no fim do ano de 1981, na Vila Piauí, por Jão (João Carlos Molina Esteves, guitarra e vocal), Jabá (baixo), Betinho (Roberto Massetti, bateria). Depois de alguns ensaios num barracão, eles fizeram seu primeiro show em uma escola de Pirituba. Chiquinho, que andava com a banda, assumiu o vocal.

Até o fim do ano, muitas outras bandas estariam surgindo na capital e no ABC: Anarkólatras, Fogo Cruzado, Psykóze (de Perdizes), Lixomania, M-19 (da Casa Verde, com Zorro), Hino Mortal (de Índio), Passeatas, Juízo Final (da Freguesia do Ó) e Desequilíbrio (de Ariel e Douglas, ex-Restos de Nada, que dividiam equipamento com o Juízo Final). Boa parte delas hoje pertence à história do underground roqueiro do país, em fitas cassete fora de circulação, vinis raros e CDs de tiragens limitadas.

Como a tensão entre os punks de São Paulo e do ABC ainda era contornável, realizaram-se em 81 as primeiras edições do Grito Suburbano, festival inaugural do movimento punk brasileiro. A primeira foi no Café Teatro Deixa Falar, na Av. Santo Amaro, em meados do ano, com Inocentes, Anarkólatras, M-19, Mack, Olho Seco e Lixomania. A segunda, no Salão Stop, na Avenida São Miguel, Zona Leste, foi invadida pela polícia (começo de uma longa história de problemas). Os punks aproveitam a (breve) ocasião para protestar contra a repressão policial, a fome, o desemprego, a falta de oportunidades profissionais. Nessa época, o Templo, na Rua São Caetano, no Pari (Bom Retiro), se firmou como "o" espaço punk. Shows também aconteceram no Deixa Falar, no Zimbabwe (em Santana) e no Luso-Brasileiro (no Bom Retiro) — em novembro, houve um lá, antológico, com Fogo Cruzado, Anarkólatras, Olho Seco, Inocentes e Cólera. Redson lembra daqueles tempos que não voltam mais: "Por causa do nosso estilo tínhamos dificuldade em arranjar lugar para tocar. No Luso-Brasileiro, por exemplo, os judeus não queriam nossa presença, já que a gente usava suástica [com uma tarja de interdição, anti-názi] — achavam que éramos nazistas".

Com o movimento fortalecido e o trânsito de informações a toda (algumas bandas, como o Cólera e Olho Seco, começavam a colorir o estilo punk tradicional dos Sex Pistols com o hardcore de UK Subs e Discharge), chegou a hora inevitável de gravar um disco. No fim de 1981, as duas bandas acima, mais os Inocentes, registraram as músicas que entraram em *Grito Suburbano*, LP que abriu 1982, um ano glorioso para o movimento no Brasil — e, ao mesmo tempo, o ano que marcaria o fim da primeira encarnação do punk em SP. Gravado em apenas oito horas de estúdio, o *Grito* foi o LP inaugural do punk paulistano e do selo Punk Rock Discos, de Fábio.

Algumas das músicas mais representativas desse momento estavam lá, como "Pânico em SP" ("As sirenes tocaram / As rádios avisaram / Que era pra correr / As pessoas assustadas / E mal-informadas / Se puseram a fugir sem saber por quê"), dos Inocentes, e "Subúrbio Geral" ("Viajante da noite / Cidade subúrbio / Na porta dos bares / Encostada no muro / Pedindo esmola / Com a perna ferida / Carrega a pistola / Que vai tirar sua vida), do Cólera. A capa, tão mítica quanto a daquele primeiro disco dos Ramones, traz uma colagem anárquica das fotos dos punks. Junto com o *Grito Suburbano*, a Punk Rock lançou também o compacto *Violência e Sobrevivência*, do Lixomania, que traz a irônica canção "Os Punks Também Amam" (obviamente, nada romântica).

A crítica musical brasileira ficou dividida pelos discos. Arauto do movimento punk, chegando a analisar seus integrantes à luz da mitologia grega, Pepe Escobar, da *Folha de S. Paulo*, era o mais entusiasmado, relevando as falhas do LP:

> "Para muitos provoca pasmo total estas baterias frenéticas e guitarras com distorcedor a pique, sufocando um frenesi de gritos. Mas aqui o que menos importa é o som — vagabundo pela terra desolada dos três acordes. São discos que podem ser ouvidos alternadamente em 33, 45 ou 78 rpm: o efeito é semelhante. A crispação dos vocais, a apaixonante 'naïveté' das letras torna estes singulares produtos irredutíveis a um julgamento musical ou moral: exprimem a parte maldita de nossos instintos e até nos dão o prazer de uma reconciliação com nossos fantasmas, sem mediações."

Já na revista *Somtrês* (o palanque roqueiro da época), Ana Maria Bahiana (que já havia revelado, durante sua interinidade na coluna de Nelson Motta, que aquele negócio de Sex Pistols não era mesmo com ela) chamou os integrantes das bandas do *Grito Suburbano* de "punkinhos de estimação". Ela começa a resenha com um aviso: "Este disco não tem nada a ver com música. Passemos ao capítulo seguinte". Depois, ela morde e assopra:

> "Por que os paulistas estão zangados? Ou melhor — por que escolheram repetir o formato da revolta de 76 na Inglaterra para exprimir seja lá o que os esteja incomodando? (...) A maioria das letras, aliás, é excepcionalmente boa, algumas são brilhantes e de todo modo muito mais plugadas no nosso tempo e lugar que as baboseiras romântico-ecológicas que transitam por nosso rádio. Levantar perguntas, mesmo sem respostas, já é um grande feito nesses nossos tempos contentes. Estou só esperando para ver em que nossos punkinhos de estimação vão se transformar."

Considerados pelo *New Musical Express* um "Pixote de cabeça quente", os Ratos de Porão também gravariam pela primeira vez em 1982. Primeiramente, uma fita demo que reapareceria, 15 anos depois, no CD *Periferia 1982*. As músicas têm títulos surpreendentes, como "Novo Vietnã" e "Brasil Comunista". Mais tarde, nos Estúdios Vermelhos de Redson, após mudanças na formação (saiu Chiquinho, Jão foi para o vocal e Mingau, de 15 anos de idade, para a guitarra), gravam sua participação na coletânea *Sub* (com Cólera, Psykóze e Fogo Cruzado), só lançada em 83. É nessa época que João Gordo, recém chegado de Angatuba, compra uma fita dos Ratos na Punk Rock e vira fã da banda — ele chegou a acompanhar as gravações do *Sub*. Com sua capa vermelha que não trazia nada além de um enorme logotipo com o título, o disco (relançado em CD pela Devil Discos) prima pela energia na execução e por uma série de letras inusitadas.

Para começar, tem "X.O.T." (ou seja, Xantagem (sic) Ocasional Tramada), do Cólera ("Membros da X.O.T. querem te enganar/ Te fazer chantagem para te roubar"). O Fogo Cruzado, por sua vez, é metapunk — ataca de "União Entre os Punks do Brasil" e "Punk Inglês" ("Aqui não é Londres para eu entender inglês / Também não é CCAA para me ensinar o Não"). Já o Psykóze (Oklinhos na guitarra, Japão no baixo, Bitão

O Cólera foi uma das bandas de São Paulo que estrearam em disco com a coletânea inaugural do punk, *Grito Suburbano*.

na bateria e Morto no vocal) fazia a linha apocalíptica, com "Terceira Guerra Mundial" e "O Fim do Mundo". Era a voz da garotada do subúrbio chegando ao vinil junto com a MPB.

O ano de 1982 também foi de muitos shows — quase sempre, porém, com problemas. Em 26 de junho, no Zimbabwe, foi feito o de lançamento do *Grito Suburbano*.

No mês seguinte, no Salão Beta da PUC, tocaram Desequilíbrio, Estado de Coma e Fogo Cruzado. Mais tarde, passaram por lá Passeatas, Inocentes e Ulster. Nesse dia, os punks destruíram o banheiro e a polícia chegou para acabar com a confusão. Resultado: expulsos, eles saíram em passeata pelo Centro, de madrugada, formando uma multidão que assustou a população desavisada e insone. De qualquer forma, eles ainda teriam fôlego para organizar uma semana punk no Carbono 14. Em pouco tempo, também, estariam indo a cidades próximas, como Campinas. Todos no trem, seguiram para ver lá um show com Suburbanos, Inocentes e Estado de Coma. "Quando a gente chegou à estação, o povo começou a bater palma, achando que a gente era de algum circo", contou Zorro em 94. Os Ratos de Porão também participaram de um encontro de bandas punk nessa cidade. O sentimento entre os grupos era de que deveria haver uma união para fortalecer o movimento. Desde então, foi sendo preparado aquele que seria o maior, mais importante e mais histórico festival punk de São Paulo: O Começo do Fim do Mundo, realizado em novembro.

Nem sempre, porém, os punks se entendiam. Em agosto, o Verminose, banda de Kid Vinil, apresentou-se no Lira Paulistana. Inicialmente punk, ela foi abrindo seu estilo mais para o rockabilly. "Eu era um pouco mais velho que os punks (cuja média de idade, àquela altura, era 18 anos), com resquícios de ripongo dos anos 70, do progressivo", conta. O show terminou na terceira música, em meio a protestos e acusações da platéia. O problema é que, pouco antes, Kid (junto com outros punks) havia sido entrevistado para uma reportagem da revista *IstoÉ* (a mídia já começava a querer gastar mais tempo tentando decifrar aqueles garotos). A certa altura do texto, a repórter Regina Echeverria escreveu:

> "Formado em administração de empresas, 27 anos, Kid Vinil trabalha há sete anos na gravadora Continental e, desde 1979, comanda um programa na Rádio Excelsior, onde divulga as últimas novidades da música internacional. Nessa qualidade, passou a ser uma espécie de 'patrono' do punk brasileiro."

Absolutamente avessa a líderes (o anarquismo falava alto também entre os punks paulistanos — basta lembrar que no começo do século também falou muito alto entre os imigrantes italianos), a garotada no show (Clemente inclusive) aproveitou a bronca com Kid para destruir o Lira Paulistana. "Achavam que eu estava me envolvendo demais com o sistema", lembra ele, informando, porém: "Estava todo mundo bêbado no meio daquela discussão sem sentido. Não houve nenhum ferido, no fundo foi só diversão. Mas a casa teve que suspender as apresentações punk [pouco depois, o Lira seria o berço da chamada 'vanguarda paulistana', de artistas como Arrigo Barnabé e Itamar Assumpção e de bandas como o Língua de Trapo e o Premeditando o Breque]". O momento de transição que o Verminose sofria na época culminou com a sua transformação na banda Magazine, da primeira leva do Rock Brasil, com os sucessos de rádio "Eu Sou Boy" e "Tic Tic Nervoso". "Entre 1981 e 1982, o punk mudou o direcionamento e eu me desliguei", diz Kid. Ele ressuscitaria o Verminose brevemente, em 1993, para o lançamento do CD comemorativo *Xupa Aqui* (aliás, título também de uma música dos punks portugueses do Mata-Ratos).

Em 1982, entra em cena um dos mais importantes personagens do punk SP: o teatrólogo Antonio Bivar, autor das peças *Cordélia Brasil* e *Abre a Janela e Deixa Entrar o Ar Puro e o Sol da Manhã*. Diretor de shows de Maria Bethânia e Rita Lee (e na década de 90, de Leandro & Leonardo), ele presenciou em Londres a eclosão dos Sex Pistols e toda a movimentação punk. Ao voltar a São Paulo, ele de imediato encampou as idéias da garotada suburbana (com quem ele se identificava também por ter sido office-boy na adolescência) e passou a defender o punk, recorrendo a toda sua verve teatral. Para ele, por exemplo, Elis Regina (que morreria naquele 82) deveria estar cantando músicas como "Subúrbio Geral". Editor da revista *Gallery Around* (publicada pela requintada boate de São Paulo, onde se realizavam leilões de cavalos), ele escreveu uma reportagem com uma banda que conhecera na Punk Rock, os Inocentes — foi lá que saiu, pela primeira vez, o manifesto de Clemente pela revolução na MPB. Com isso, Bivar conseguiu que as portas do Gallery fossem abertas para a banda.

E não poderia ser menos conturbada a passagem dos punks pelo templo do *grand monde*. Miséria e fome no palco, caviar e champanhe nas mesas. A receptividade não foi das melhores. Calegari, de súbito, mandou toda a platéia "se fuder" e saiu disparando cusparadas. Os seguranças agiram, botando a banda para fora, mas depois admitindo para Ariel (que, a essa altura, substituía Mauricinho nos vocais): "Vocês nos vingaram. Fizeram aquilo que sempre quisemos fazer". Em outubro, mais confusão, antes de um show que os Ratos, Fogo Cruzado, Ulster, Lixomania e Estado de Coma fariam no Luso-Brasileiro. Os punks quebraram o carro de um motorista que teria tentado atropelá-los. Foi um prato mais do que cheio para as páginas policiais dos jornais no dia seguinte. Nessa época, a polícia, que nunca foi de dar papo para punk, começou a pegar mais pesado ainda com eles, como conta Clemente: "Eu era preso todo final de semana. Invadiam os shows com calibre doze em punho e levavam todo mundo. Os moicanos apanhavam mais. Um dia, numa cela, eu disse: 'Maldita polícia!' Esta é a primeira frase da letra de "Polícia", que assim termina: "São nossos inimigos ou não / Não posso confiar em quem tem uma arma na mão".

A situação ficou ainda pior quando o jornal *O Estado de S. Paulo* publicou uma série de reportagens intitulada "Geração Abandonada". Os punks foram pintados como criminosos armados de navalhas, despertando a indignação de Clemente (um dos poucos punks a chegar à faculdade, abandonada quando perdeu o emprego como boy), que escreveu uma carta de volta, acusando o jornal de estar deturpando o movimento. As relações entre punks paulistanos e mídia (que naquele ano veio atrás deles como um enxame — até o *Fantástico*, da Rede Globo, quis entrevistá-los) sempre foram conflituosas. Mas os garotos aceitavam o diálogo com o sistema. Certa vez, Redson, Alemão (organizador de shows), Calegari e Tina (da Banda sem Nome) foram convidados a participar do programa de rádio de Xênia Bier. O Bill Grundy brasileiro? No começo até dava a entender que seria. Participavam do debate um psiquiatra (ele dizia que os punks pareciam militares e que aquilo não ia dar em nada) e uma "mãe de família" (que os acalentou, mas disse que o sonho ia acabar). Mas aí a turma relatou suas dificuldades e problemas, mostrando que eram apenas jovens de periferia com ideais diferentes da maioria. O desfecho? Acompanhe o relato de Antonio Bivar no livro que acabou escrevendo com suas experiências, *O que é punk* (1982):

> "E Xênia, que vem do povo, entende os punks e fica comovida. Emocionada, ela chora e diz que prefere os punks aos burgueses, que cobram tudo dela: marido, filha adotiva; que os punks não cobram nada e que cada um respeita a individualidade do outro. E Xênia encerra o programa de duas horas com a seguinte mensagem: 'Estou lembrando de uma moça que viu um filme com um moço e depois passou a usar um blusão de couro igual ao dele. O moço era James Dean. E não deu porcaria não, a moça sou eu'."

O vocalista Mau e toda a fúria do ABC paulista, à frente dos Garotos Podres, os mais destacados representantes nacionais da Oi! music.

Aquele foi um ano pródigo para os punks de São Paulo. As bandas proliferaram, com os nomes mais diversos: Suburbanos (de Osasco), Anti-Sociais, Mack, Juízo Final, Extermínio, Indigentes, Setembro Negro, Negligentes, Guerrilha Urbana, Sete Palmos Underground, Excomungados (do *hit* "Vida de Operário", mais tarde gravado pela Patife Band e o Pato Fu), Zona X (Vila Amália), Neuróticos (Vila Maria), Saturados (Casa Verde), Vírus 27... Algumas eram só de mulheres, caso das Skisitas (com Lila, Márcia, Lucinha, Silvana e Denise), das Diabólicas e da Banda sem Nome. No final do ano, nasceu no ABC a banda que seria das mais importantes na segunda fase do punk SP: os Garotos Podres, formada por Mau (vocais) e Mauro (guitarra). O equipamento básico dos Garotos era uma guitarra Rei, caixa Tanaka, baixo velho e bateria roubada. Na mesma época, Bivar se tornou correspondente do fanzine californiano *Maximum RocknRoll*, que estampou uma matéria sobre o punk brasileiro na capa do seu número dois. "Nada", do Olho Seco, entraria dois anos depois na coletânea *Welcome to 1984*, editada pelo fanzine.

Quantos eram os punks em São Paulo em 82? Mil, dois mil, até cinco mil, arriscaram alguns. Com idades entre 15 e 25 anos, eles viviam no dia-a-dia como bancários, estudantes, escriturários, balconistas, office-boys, vendedores ou artesãos. Havia alguns desempregados — poucos, porque de acordo com a filosofia vigente, eles preferiam qualquer emprego a emprego nenhum. Não havia no Brasil o seguro-desemprego que sustentava a vida alternativa de alguns punks ingleses, razão pela qual achavam que o punk mais legítimo, com mais razões para ser revoltado, era o brasileiro. Orgulhosos de sua opção, eles detestavam ser chamados de maloqueiros — ou seja, pivete, maltrapilho. O visual era o clássico, sem muitas variações: roupas pretas, jaquetas cheias de buttons, tachas, correntes, pulseiras com rebites, alfinetes nas orelhas, cabelo moicano ou curto e arrepiado. Apesar de gostarem de uma coisa ou outra da MPB (como as músicas de Chico Buarque na época mais combativa), os punks de São Paulo achavam que os astros tinham se acomodado. Como se vê, em depoimentos da época, eles não estavam alienados da realidade:

> "Nosso lema, liberdade pela rebeldia, o que James Dean não conseguiu em sua época. Queremos o direito de falar, queremos uma sociedade melhor, e usamos a música para transmitir nossa mensagem." (Clemente)

> "Não vamos falar do sol que bate nas ondas do mar." (Fábio)

> "Nossa roupa é uma agressão visual, senão ficaríamos todos como os outros. Somos o lixo, o que sobrou da sociedade, mas não aceitamos viver na sujeira." (Calegari)

> "Se eu fosse mais um office-boy da Sete de Abril você não estaria me entrevistando." (Tiquinho, Lixomania)

> "A música pode nascer no metrô, num bar, nos ensaios, nas garagens, no momento em que recebo meu holerite e vejo o quanto eu fui garfado pelo INPS, ou mesmo até durante uma crise de mau-humor do meu chefe, me dando mil ordens." (Sé, Neuróticos)

> "Se fôssemos tirar de circulação todas as músicas que sofreram influência estrangeira, teríamos que começar pelo afro, samba, bolero... não sobraria nada." (Zorro)

> "Aqui ninguém tem dinheiro para pagar 2 mil cruzeiros para ver um show de Caetano Veloso." (Herman Dean, Suburbanos)

> "A maioria [dos punks] não consome drogas justamente porque falamos em consciência e com elas estaríamos nos contradizendo. Mas fumamos como todo mundo, bebemos nossa cervejinha, nosso vinho. Uísque não, é muito caro." (Calegari)

Num primeiro momento, a grande maioria dos punks deixou o anarquismo um pouco de lado (o livro *O que é anarquismo*, de Caio Túlio Costa, era *best-seller* entre o movimento) e defendeu a causa do Partido dos Trabalhadores — havia um ou dois dissidentes que, segundo relatos, eram partidários do ex-presidente Jânio Quadros. "Não posso falar pelo pessoal. Acho que o pessoal do Lula é o melhor. O mundo está caminhando para o caos, é preciso uma mudança radical, conscientização em massa. A coisa está aumentando", disse Clemente em 1982. "A proposta de Lula é bem-recebida porque ele fala a mesma linguagem dos oprimidos", completou Sé, na mesma época. Muitos, como Ariel e Redson, pertenceram a organizações radicais de esquerda, como a Libelu, antes de serem punks. Ariel militou no PT até 1981, quando fez greve e foi demitido da metalúrgica em que trabalhava. Redson também se desencantou com o partido: "Como todos os punks, fui enganado pelo PT".

Em novembro, enfim São Paulo parecia estar preparada para o seu primeiro festival punk de porte: O Começo do Fim do Mundo, ou melhor, o I Festival Punk do Sesc-Fábrica da Pompéia, organizado por Calegari e Bivar no Sesc Pompéia e programado para acontecer nos dias 27 e 28 daquele mês. A idéia era reunir no palco 20 bandas de São Paulo e do ABC, dez por dia, tocando entre as 14 e as 18 horas, com entrada franca. O Sesc bancou o custo do aluguel do som e a gravação de fitas cassete que, reprocessadas em estúdio para estéreo, virariam um disco. Além dos shows, o evento contou com várias atividades paralelas. Uma delas foi a exposição de fotos de Vânia Toledo (que fotografou os dois Pistols no Rio em 78), Ugo Romiti, Toninho Prada, Carla Reichmann e Bivar. Também foram exibidos vídeos num Centro de Convivência: *Punk Rock Movie* (filmado no Roxy por Don Letts), *Punk na TV* (feito por alunos de jornalismo do Instituto Metodista), *Punk São Paulo 82*, (de Álvaro Roberto Barbosa, o Alemão), *Garotos de Subúrbio* e matérias de emissoras de TV sobre o punk na cidade. Para completar, Meire Martins expôs seus desenhos e Bivar fez o lançamento definitivo de *O que é punk*.

Nos dois dias de festival, cerca de 3 mil punks compareceram ao Sesc Pompéia. No fundo do palco, havia apenas um pano preto e um cartaz com o desenho de um punk moicano rodeado pelos nomes das bandas. Entre a platéia, uma tensão mal contida entre facções não exatamente fraternas — alguns banheiros foram quebrados e algumas pessoas de fora do movimento, hostilizadas. Suásticas e estrelas do PT desfilavam nas camisas da rapaziada. Aparentemente alheia ao princípio de "treta", uma garota circulava com bebê no colo. E começou a pancadaria sonora: no dia 27 apresentaram-se Doze Brutal, Psykóze, Ulster (garotos que tocavam encapuzados), Cólera, Neuróticos (banda de Oi! music, com os futuros Inocentes Ronaldo e Tonhão), M-19, Inocentes, Juízo Final, Fogo Cruzado e Desertores. Clemente roubou a festa com suas mensagens ("Melhor do que acabar com os banheiros e dar porrada na gangue adversária é destruir o sistema") e a potência de sua banda. Já Maurício, do Juízo Final, fez seu show particular, cantando com uma bandeira do Brasil e gritando "Morte aos hippies!". No dia seguinte, foi a vez de Suburbanos, Passeatas, Decadência Social, Olho Seco, Extermínio, Ratos de Porão, Hino Mortal, Estado de Coma, Lixomania e Negligentes. E também da polícia, que parou o festival por volta das 17h. João Gordo se lembra do momento exato:

> "O batalhão de choque adentrou pelo Sesc com seus cassetetes e escudos, batendo e prendendo todos que encontrava pela frente. Ninguém sabe ao certo quem chamou a polícia — provavelmente os moradores da região, assustados com o visual e a atitude da rapaziada. Na hora da invasão policial, quem estava no palco eram os Ratos de Porão, que também foram em cana, com instrumentos e tudo."

Os policiais levaram 25 punks para a cadeia e não deixaram os fotógrafos registrarem as prisões. Segundo o tenente Zaccaro, que participou da operação, tudo começou quando um grupo de punks saiu atrás de outro, que tentava se defender com um punhal. Até hoje, as versões sobre o que aconteceu variam. "Foi simples: existia uma falta de conhecimento do comportamento social. A cena punk de São Paulo era meio nova-iorquina, meio londrina. Já a do ABC era podreira, com correntes e facas. E o pessoal da Pompéia era mais velho, mais conservador. Foi cogitado nas reuniões fazer em outro lugar", conta Redson. "Deram uns chutes num saco de lixo, foi isso aí só", defende Fábio. Na época, uma funcionária do Sesc Pompéia relatou: "Aconteceram umas briguinhas entre eles, mas a gente percebia que, na maior parte das vezes, era mais encenação. Como a gente estava orientado para não proibir nada, acho que eles ficaram um pouco desconcertados". A confusão foi alvo de reportagens em vários jornais e veio a repercutir até mesmo na imprensa internacional, com notas no *Washington Post* e em jornais do Japão.

Dois foram os resultados concretos do Festival. Um, o disco *O Começo do Fim do Mundo*, lançado pela Punk Rock Discos (e relançado em CD em 98), que é um dos únicos registros de bandas como Juízo Final, Passeatas, Neuróticos, M-19 e Suburbanos. Outro foi o reinício das brigas, cada vez mais ferozes, entre os punks da capital e os do ABC. "Levou-se um puta tempo para pacificar as gangues e fazer um festival. O pessoal que batalhava pela união ficou puto", conta Clemente. Dentro de alguns meses, o movimento punk paulista se esfacelaria, sumiria da mídia e voltaria aos subterrâneos.

Em 1983, as coisas começaram a andar cada vez mais devagar. Mas não foi de todo um ano perdido. Os Ratos de Porão tocaram em Aparecida do Norte e, junto com Inocentes, Psykóze, Zona X, Lixomania e Cólera, invadiram o Circo Voador, no Rio de Janeiro. Pouco depois, João Gordo entraria para a banda. "Eu ia encher o saco nos ensaios e cantava enquanto o Jão descansava. O Betinho saiu e ele e o Jabá me convidaram para entrar. Aceitei porque era fã dos Ratos." A nova formação (com Jão na bateria e Mingau na guitarra) estreou em show na PUC de São Paulo. "E eu já falei besteira. Disse: 'Quero falar três coisas para vocês: Pau no cu de Deus, pau no cu da Globo e pau no cu do ABC'." Inicia-se aí a primeira (das várias) guinada sonora dos Ratos de Porão. Gordo com a palavra para as explicações: "No começo, [o som dos Ratos] era mais para hardcore americano, tipo Minor Threat e 7 Seconds, mas eu gostava de hardcore inglês, e o estilo do RDP acabou mudando para uma coisa tipo Discharge e Chaos UK".

Os Inocentes também seguem adiante. Demitidos de seus empregos, Ariel, Calegari e Clemente pegaram o dinheiro do fundo de garantia e mais algum que o irmão de Marcelino emprestou e gravam o autoproduzido compacto *Miséria e Fome*. A Censura encrencou com nove músicas da banda. "Miséria e Fome", "Calado", "Aprendi a Odiar" e "Morte Nuclear" são as que entraram no disquinho. Logo após a gravação, Ariel saiu e Clemente assumiu os vocais, transformando a banda num trio — o último show com essa formação (com as inevitáveis brigas entre os punks) está registrado no documentário de média-metragem (40 minutos) *Punks*, de Sarah Yakhné e Alberto Gieco. No fim do ano, Clemente foi chamado para substituir Magrão, dos Neuróticos. Marcelino chegou e a banda foi rebatizada de Inocentes, com Tonhão passando da bateria para o vocal. Ainda naquele ano, o Olho Seco lançou pela Punk Rock o seu primeiro compacto, *Botas, Fuzis e Capacetes*, com as antológicas músicas "Nada", "Isto É Olho Seco" e "Muito Obrigado". Já os Garotos Podres tocaram num palco pela primeira vez em junho, num show beneficente para o fundo de greve do Sindicato dos Metalúrgicos de Santo André, no Teatro Municipal da cidade. Quem marcou presença também foi Índio, nos shows do Hino Mortal, queimando páginas da Bíblia enquanto cantava.

Mas a batata do punk em São Paulo assou de vez em 83. A começar pelo fim da Punk Rock Discos, por causa de abaixo-assinado de outros comerciantes das Galerias, que não agüentavam mais ver aquela gente estranha e arruaceira circulando por lá. Poucos discos, poucos fanzines, poucas bandas. E uma imagem cada vez mais distorcida e massificada — era a sina da rapaziada naquele ano. Chegou ao ponto de as novelas assimilarem o fenômeno punk — sinal de que as coisas não iam mesmo bem. No folhetim global *Eu Prometo*, Fernanda Torres era Dayse, uma jovem rebelde e desequilibrada que, para provocar os pais Lucas e Darlene (Francisco Cuoco e Dina Sfat) fazia uma festinha de arromba com seus amigos do Baixo Gávea à qual compareceu até um... punk (Mássimo Corsini). Logo depois, Cássio Gabus Mendes seria o punk de plantão na novela *Champagne*. Mais ainda: o poeta maior Carlos Drummond de Andrade dedicou um de seus artigos de jornal, em 83, a reproduzir um diálogo com João Brandão, "estudioso de fenômenos sociais, modismos e frivolidades", que se dedicava à pesquisa do punk. Já o cartunista Angeli pariu naquele ano um de seus maiores personagens: Bob Cuspe, o escarrador anarquista com cabelo moicano, que sobreviveu em tirinhas de jornal até 1988. O criador fala da criatura:

> "Conta a lenda que ele não nasceu, foi escarrado num subúrbio qualquer de uma grande cidade. Cresceu e se transformou num enorme e incômodo furúnculo nas axilas da sociedade. Já foi acusado de direita pelos esquerdistas e de esquerda pelos direitistas, mas não é uma coisa nem outra. Na verdade, é apenas um sujeito que, ao invés de ficar babando de esperança feito tia velha, preferiu arrepiar os cabelos, vestir uma munhequeira e sair por aí, cuspindo em tudo e em todos, tornando-se um autêntico nervo exposto."

Mas nada fez mais pela popularização dos punks em 83 que a canção "Punk da Periferia", na qual Gilberto Gil exerceu seu poder de observação (bem distanciada, quase turística) sobre o que acontecia em São Paulo e brincou poeticamente com os termos usados pelos garotos. Acabou fazendo um rock em estilo new wave, com guitarra de Lulu Santos e toques de reggae, lançado no disco *Extra*, que teve grande execução nas rádios naquele ano. Os punks, é claro, detestaram.

Mil novecentos e oitenta e quatro, o ano do *Big Brother*, de George Orwell, marcou o refluxo total da atividade punk em São Paulo. Em evidência, as tribos do pós-punk e da new wave. Bandas como Magazine, Ultraje a Rigor, Zero e a mod Ira! (que nasceu da punk Subúrbio) conseguiram contratos com grandes gravadoras. Dentro de alguns meses, estariam liderando a ofensiva pós-Blitz do Rock Brasil. Com elas, surgiram em São Paulo novas casas de espetáculo — Napalm, Rose Bom Bom, Ácido Plástico, Any 44, Carbono 14 e Madame Satã — onde os punks eventualmente se apresentavam. No underground, porém, o movimento prosseguiu na medida do possível. No começo do ano, os Ratos de Porão gravam, para o selo New Face, o LP *Crucificados pelo Sistema* — primeiro álbum de uma banda punk na América Latina. Álbum é maneira de dizer, já que são 16 músicas em meros 15 minutos ("Tem mais música do que tempo", observou João Gordo). "*Crucificados* foi gravado em seis horas, num estúdio de quatro canais, e hoje (1992) foi lançado em CD em Portugal e na Espanha. Era para ser um compacto", lembrou Jabá em entrevista. Por causa das brigas entre os punks, o disco não teve um show de lançamento. Pelo mesmo motivo, o Cólera deixou de se apresentar na capital durante aquele ano, preferindo rumar para os territórios ainda virgens do interior do estado.

Com instabilidades em sua formação, o Inocentes também quase não fez shows em 1984. O consolo ficou por conta da inclusão de "Miséria e Fome" e "Aprendi a Odiar" na coletânea alemã *Life's a Joke*, selo Weird System. Na mesma época, outro selo alemão, o Vinil Boogie, reeditou o *Grito Suburbano*. Com as bandas punk vingando mais no exterior que em sua própria cidade, paralisada por "tretas", Clemente, João Gordo e Redson foram se afastando cada vez mais do chamado movimento. "A primeira vez que eu fui chamado de traidor do movimento punk foi em 83, quando entrei para os Ratos de Porão e falei: 'A gente não faz mais punk rock, a gente faz hardcore'", conta o Gordo. "Naquela época fiquei chateado porque estavam destruindo o movimento punk. Tudo o que a gente levou anos para construir foi destruído em seis meses", desabafa Clemente.

Eram feridas incicatrizáveis. Ariel, que levou (e leva até hoje) adiante a bandeira da tradição do punk, lamenta: "Se os Inocentes e os Ratos de Porão tivessem continuado como punks, hoje seriam uma puta força". Ele conta que aqueles foram tempos duros para os punks na ativa: "O pessoal vinha para a São Bento, para as galerias, e não podia circular sossegado. Vinha um bolinho de três, quatro, eles já prendiam, espancavam. A gente voltou pros guetos, cada gangue voltou pra sua quebrada". E assim, mais uma vez, o punk rumou para os subterrâneos onde nasceu. E ficou só esperando um novo chamado.

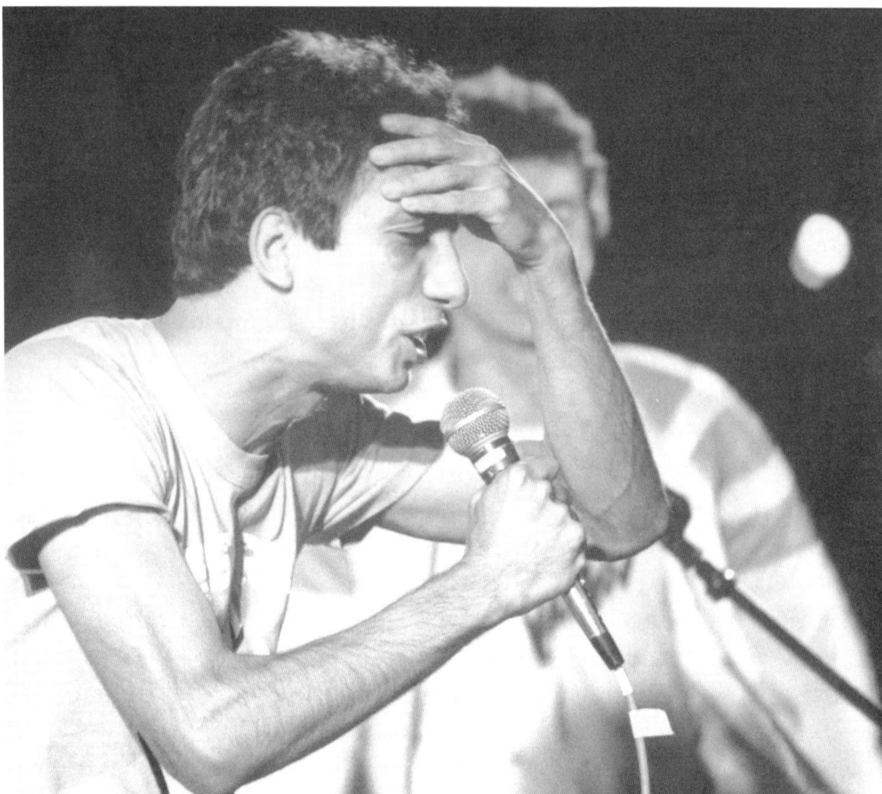

"Odeio TV, odeio você, pare de ser idiota!" Eis o que bradava Tatu, vocalista do Coquetel Molotov, uma das grandes atrações do Festival de Rock de Juiz de Fora de 1983.

6.
O OUTRO LADO DA CIDADE MARAVILHOSA

Não foi na mesma intensidade e nem com a mesma glória que em São Paulo, mas o Rio também viveu sua experiência punk. Em 1982, enquanto a Zona Sul celebrava a descontração via rock com a Blitz e Lulu Santos e se reconhecia no alto-astral da novela *Sol de Verão*, havia uma outra cidade, sem chopinho à beira-mar ou gatas de biquíni, que enfrentava o calor sem brisa nos trens e buscava uma possibilidade de diversão nos rincões suburbanos. Morador do Morro do Andaraí, Lúcio Flávio tinha o skate. Mas as pistas de *bowl* (ovais, como a metade de um feijão) estavam longe, em Nova Iguaçu. Restavam os jardins do Museu de Arte Moderna para se aperfeiçoar em outro estilo, bem mais democrático, que podia ser praticado em qualquer lugar — o *free-style*. Sua iniciação na prancha foi em 76. No ano seguinte, Lúcio já estava indo participar de concursos em São Paulo, provando que o skate não era apenas coisa de *boy* — ele, com todas as dificuldades de uma família de classe média baixa por enfrentar, dava provas de que, com perseverança, era possível vencer os verdadeiros *boys*. Em 1979, foi inaugurada em Campo Grande uma pista oval. Para lá ele se encaminhou, com mais uma turma de skatistas da Zona Norte. Com os garotos do outro lado do túnel também disputando a pista, o cenário era igual ao das gangues do subúrbio de SP. Quer dizer, dispersão de energia adolescente, com as facções vestindo camisas que as identificavam e chamavam ao confronto.

Para um esporte reconhecido mais tarde como "radical" — tombos expunham sempre seus praticantes ao perigo e, mesmo assim, eles não descansavam enquanto não fizessem as manobras mais arriscadas —, nada como um som "radical". Até 77, Lúcio Flávio gostava de heavy metal. Um dia, ouviu o disco *Never Mind the Bollocks*. Estranhou, mas algo o impelia a ouvir de novo — várias vezes. "Aí me amarrei, era tudo rapidinho, pegava mesmo", contou. Na pista de Campo Grande, conheceu duas almas afinadas com o espírito punk, Tatu e Cavalo. A partir do som, eles acabaram chegando à atitude correspondente. "Desde 76 nós conhecíamos o movimento através de revistas estrangeiras. Como ninguém entendia o inglês, ficou mais a imagem e a vontade de agredir. Formamos uma turma que se dizia punk. Entrávamos nas festas com nosso visual pesado e passávamos bolo na cara, só para horrorizar, sem ideologia. A ideologia só veio depois, com a tradução de algumas letras e a troca de correspondência com os gringos", disse Tatu em 1982. "Fui lendo, fui me informando. Fui vendo como era uma reação a tudo, à opressão do sistema, à alienação. Aquilo foi fazendo a minha cabeça", revelou, por sua vez, Lúcio Flávio.

No contato com São Paulo, no começo da década de 80, veio o hardcore com mensagem das bandas paulistas. Ao invés de músicas de bandas da new wave, como Devo e B-52's, o que começou a rolar no gravador na beira da pista foi uma fita com o *Grito Suburbano*. O visual veio em seguida — os skatistas do subúrbio chegavam de trem, vestidos com muito couro e com calças no meio da canela. Chamados de palhaços pelo pessoal da Zona Sul, eles foram ganhando os campeonatos e calando muitas bocas. Com seus esquemas informais de troca de informações, descobriram que muitos skatistas da Califórnia também eram punks. Era uma questão de tempo para que estivessem escrevendo para o exterior em busca de contatos e montando seus fanzines. Tatu foi o autor do primeiro deles no Rio, *Manifesto Punk*. No número um, ele pedia adesões ao nascente movimento punk carioca, mas criticava quem pensava que podia virar punk apenas vestindo-se como um e usando uma suástica. Em 82, a turma não era tão organizada quanto a dos punks paulistas, mas prometia melhorar. Só faltavam as bandas. Lúcio foi quem teve o clique. "No início éramos skatistas que curtiam punk rock, mas, pouco a pouco, o pessoal foi enjoando do skate. Eu disse pro Tatu: vamos fazer logo uma banda." Era o Coquetel Molotov, o primeiro grupo a desbravar a seara do punk no Rio e que também se tornaria, pelo menos até o fim dos anos 90, o mais lendário nome do movimento.

Ao ser convidado para tocar baixo no Coquetel, o skatista Olmar Jr. lembrou de Paulo César (ou melhor, César Nine), seu vizinho de prédio na Rua do Riachuelo, no Centro. Ele era um guitarrista que andava com uma turma do Leblon também curtidora do punk, que vivia sendo alimentada musicalmente pelos discos do fotógrafo Maurício Valadares. Nessa época, César tocava na banda 402 Antimatéria com o guitarrista Fernando Magalhães (futuramente, integrante do Barão Vermelho), mas aceitou entrar para a banda daqueles aspirantes. Os primeiros ensaios do Coquetel se realizaram em 1982 numa casa antiga em Santa Teresa. Com dois meses, eles já estavam tocando satisfatoriamente suas composições (letras de Tatu, tiradas do caderninho que mantinha desde 77, e músicas de César). Uma das primeiras canções da banda foi "Capitalismo Fascista", de alto grau contestatório: "O fascismo só existe onde há capitalismo / De maneira mais nojenta, sufocante e fraudulenta / Por trás desta gravata existe muita treta". Naquele ano, aconteceram as primeiras três festas punk do Rio de Janeiro. A primeira foi na Tijuca, na casa de Lúcio Flávio. A segunda, em Santa Teresa. Esta foi, segundo Lúcio, "prejudicada pela presença de uns hippies". A terceira aconteceu no subúrbio de Rocha Miranda, num endereço extremamente difícil de achar, mas que surpreendentemente registrou o aparecimento de uns punks que o Coquetel não conhecia.

O Rio, àquela altura, tinha curtidores de punk rock, sim. Cerca de uns cem, que, na falta de uma rede de informações, acabavam conhecendo uns aos outros na rua, por causa de uma camisa do B-52's ou qualquer indicador de que se tratava de alguém informado acerca do punk. Não raro, a pessoa era seguida pelas outras, até que o contato fosse feito. Daí poderiam surgir trocas de discos, idéias para um fanzine ou, quem sabe, até uma banda. Esse esquema funcionava no Centro e nos subúrbios — a Zona Sul daquele fim de 1982 parecia estar mais ocupada com o sol de verão. Em 12 de dezembro, o Coquetel Molotov estrearia em palco num espaço "cavado" por Tatu: o Dancy Méier. Ou melhor, o Dancing Club Méier, uma gafieira instalada num sobrado ao lado de sua casa, cujo dono concordou em transformar, um domingo por mês, em clube punk. O serviço da primeira noite era o seguinte: Avenida Amaro Cavalcanti, 125. Damas grátis. Horário: das 19 às 23 horas, que é para não incomodar a vizinhança.

Ao longo de 1983, o Dancy começou a reunir cerca de 100 pessoas por noite, a metade delas punk, com o tradicional visual que incluía cabelos (alguns com corte moicano) eriçados com sabão, alfinetes de fralda espetados na bochecha, buttons no casaco de couro, pulseiras de tachas e camisetas de bandas. Em sua maioria estudantes, eles vinham dos pontos mais diversos da cidade — Caxias, Méier, Tijuca, Santa Cruz, Campo Grande, Nilópolis. Antes dos shows, eles ouviam uma fita com músicas punk e aproveitavam para trocar discos e fanzines. Lúcio Flávio dava uma geral do clima no espaço: "Aqui tem de tudo, só não tem bandido. Se o sujeito chega, se interessa, quer informação, eu dou minhas coisas. Se ele sumir com meus discos, pode escrever que não é um punk de verdade". Superando a precariedade do equipamento disponível, apresentavam-se bandas como o Coquetel, Eutanásia, Descarga Suburbana e Desespero, esta com Ronaldo Zero-Zero e Aranha (Rosali), vocalista, for-

Olmar, César Nine, Lúcio Flávio e Tatu, um coquetel pronto para explodir nas ruas do Rio de Janeiro.

mada em turismo. "Eu sou punk de verdade, não sou essas meninas fantasiadas de fim de semana", afirmava ela. No meio da platéia, o pogo era obrigatório. E como o Dancy ficava em frente à estação de trem, volta e meia tinha aglomeração na passarela para ver o que acontecia. "Pensavam que era briga", dizia Tatu. Na memória de muitos dos curiosos, estava fresca a lembrança de uma reportagem do *Fantástico* sobre a confusão durante o Começo do Fim do Mundo, em Sampa.

Em 1983, a cara do rock carioca era a Blitz, os Paralamas do Sucesso (ainda despontando), Absyntho (do célebre "Ursinho Blau-Blau"), Lobão, Robertinho do Recife, João Penca e Seus Miquinhos Amestrados, Herva Doce, Neuzinha Brizola ("Mintchura", quem se lembra?), Sangue da Cidade, Brylho e Kid Abelha. O punk rock ainda era uma música invendável então, sem chances comerciais. Seus cultores no Rio tinham cada vez mais forte a sensação de que faziam parte de um movimento quase subversivo. Como os seus correspondentes paulistanos, eles fizeram de uma estação de metrô o seu ponto de encontro: Cinelândia. Reuniam-se para as discussões na Praça Mahatma Gandhi, logo em frente, e às vezes ficavam na porta de uma loja do McDonald's (de onde acabaram expulsos). Da Cinelândia, seguiam para bares na Rua do Riachuelo ou, aos sábados, para o Circo Voador, na Lapa. Domingo não tinha jeito, era dia de Dancy. Apelidos identificavam essa turma: Vampiro, Cavalo, Lagarta, Roger, Pelé, Aranha, e Skunk, que na década de 90 fundaria a banda de rap Planet Hemp e viria a falecer de Aids antes de ela gravar seu primeiro disco. Naquela época, Márcio Bandeira, garoto de 14 anos que morava na Lapa, começou a se aproximar daquela turma. "Procurava algo que tivesse um olhar crítico sobre as coisas. Minha geração estava muito preocupada com a questão do visual", diz. Ele ganhou um apelido — Satanésio — e sua casa passou a sediar os ensaios das bandas punk.

Em meio ao trânsito de informações — começavam a chegar os discos de bandas californianas como T.S.O.L., Black Flag, Dead Kennedys, Redd Kross e Adolescents — vieram também as leituras. *O que é anarquismo* era o livro de cabeceira de muitos daqueles punks, junto com obras de clássicos anarquistas como Proudhon e Mikhail Bakunin. Alguns se filiaram a organizações de esquerda — o que mais tarde provocaria sérios problemas. O reflexo disso eram as letras das bandas. O Coquetel Molotov foi responsável pela maioria dos clássicos, como "Companhia do Fundo Monetário Internacional" ("Ronald Reagan no Brasil imperialismo arrasador / Exploração capitalista de um regime egoísta / Um presidente agiota que constrói sua democracia / À custa do sufoco alheio no seu mundo de dinheiro") e "Funeral", descrevendo o enterro do presidente Figueiredo: "Os restos mortais não deixam sombra / Você algum dia padecerá / Oh, como eu queria que fosse agora / Neste exato momento, neste mesmo lugar". A mais popular delas, porém, era "Ódio às TVs":

> *Novelas na TV alegrando você / Com mensagens idiotas te induzindo a crer / Na falsidade burguesa e no sistema enlatado / Que a cada dia é mais viciado / Odeio te ver pendurado na TV / Pare de ser idiota / Odeio TV, odeio você / Pare de ser idiota / Pobre imbecil é você / Se crê na TV / Como forma de comunicação / Nos dias atuais ela vendendo mentiras / Fazendo audiência com a sua demência*

A primeira demonstração de força do punk no Rio viria a ser dada no dia 26 de março, no Circo Voador, com o festival Punk Fest Voador. Foi uma iniciativa da produtora Maria Juçá, impressionada com o vigor revolucionário daqueles rapazes, que, a seu ver, tinha muito a ver com o do Circo em seu começo, abrindo espaços para o rock a todo custo. "Saquei que aquele não era só um movimento musical", diz ela, que muitas vezes ofereceu sua casa no Horto para as bandas ensaiarem. No festival, foram reunidas as bandas do Rio, de São Paulo (Cólera, Ratos de Porão, Inocentes, Fogo Cruzado e Psykóze) e, de quebra, os Paralamas do Sucesso. O mímico Breno Moroni tentaria divertir a turma com a performance *Punkapocalíptico*. Na platéia, entre os convidados, estavam figurinhas carimbadas como Neuzinha Brizola, Sergei e Eduardo Dusek (parêntese sobre Dusek: com sua aparição vestido de anjo para cantar a apocalípitica "Nostradamus" no Festival MPB 80 e canções como "Rock da Cachorra", a do "troque seu cachorro por uma criança pobre", o cantor não teria problema algum em se credenciar ao movimento punk. Bem, ao menos se houvesse uma vertente mais satírica).

Foi uma noite da qual o Rio dificilmente se esquecerá. Juntamente com as caravanas de punks paulistas que permaneceram acampadas no próprio Circo e os punks cariocas, estava lá naquele sábado uma multidão absolutamente democrática, que incluía hippies velhos, surfistas, roqueiros, skatistas e black powers — como, aliás, era a tradição do Circo. Os Paralamas abriram o Festival. Para não fazer diferente, tocaram a "My Way" de Sid Vicious, "Police and Thieves", do Clash, e "Veraneio Vascaína", dos punks brasilienses do Aborto Elétrico. Um operador de câmera da Rede Globo, que tentava filmar os shows, foi repelido por um punk aos gritos de "Vade Retro, Satanás!". "Pau no cu da Globo", gritavam outros. No intervalo entre as músicas do Coquetel, Tatu disparava as frases mais iconoclastas da noite, como "Isso não é rock, isso é punk rock" e "Pau no cu de Deus". O pogo comendo solto, a noite foi até o sol nascer, com o Cólera só subindo ao palco às quatro da manhã. Durante a semana seguinte, o Circo hospedou uma série de punks paulistas, que ficavam em sacos de dormir e comiam numa pensão próxima, indicada por Juçá. Eles iriam se apresentar, no sábado seguinte, no Noites Cariocas, do Morro da Urca. Mais uma noite memorável, como lembra Clemente, dos Inocentes: "Acabou todo mundo bêbado no bar do Ronald Biggs [o Cochrane, no Humaitá, que tolerava o som punk]".

Logo, porém, a barra iria pesar para os punks no Rio de Janeiro. Não se sabe exatamente se foi por causa do envolvimento com organizações de esquerda ou pela simples preocupação com aquele aglomerado na Cinelândia, agentes do DOI-CODI, a polícia de repressão ao terrorismo criada pelo Exército (é bom lembrar que em 83 o país ainda vivia sob um regime militar), invadiram uma festa dos punks em Santa Teresa (onde estavam Tatu e Lúcio Flávio) e os espancaram barbaramente. Para alguns, foi isso que fez diminuir a freqüência dos punks na Cinelândia (eles passaram a se encontrar em lugares mais escondidos, como uma das passagens subterrâneas da estação de trem do Méier) e começou a minar o movimento no Rio. A polícia normal também não dava tréguas para os punks, sempre em busca de um *flagrante* (quantidade incriminadora de droga). Certa vez, a turma de Tatu e Lúcio pregou uma peça nos policiais que vinham cheirar suas mãos: antes da revista olfativa, coçaram partes nada perfumadas do corpo.

Aquela alegria dos punks, de shows em arraiais na Tijuca, de festas em Campo Grande movidas a "sangue do diabo" (mistura de groselha com cachaça) e do dia em que cem deles resolveram dar um passeio pelo shopping Rio Sul para chocar os burgueses, iria aos poucos desaparecer. Em junho, o golpe fatal: o Dancy teve sua última noite punk. Só que, ao mesmo tempo, crescia a popularidade do Coquetel Molotov na cidade. No dia 23 de julho, "Ódio às TVs" tocou no programa *Guitarras*, da Rádio Fluminense — foi a estréia do punk carioca nos meios de comunicação. César Nine conta que a banda chegou a ser convidada para se apresentar no programa *Tesouros da Juventude*, da Rede Globo, mas teve a participação vetada porque se recusava a tocar outra música que não fosse "Ódio às TVs".

Em 13 de agosto, o Coquetel estaria participando, ao lado de Lobão, Barão Vermelho, Cólera, Olho Seco, Raul Seixas e Erasmo Carlos (êta ecletismo!) do primeiro Festival de Rock de Juiz de Fora, no Campo do Esporte Clube. "Apesar de todo o pessoal do rock, o que sobressaiu mais foi o punk", conta o organizador Marcos Petrillo, um dos editores do tablóide de música *International Magazine*, que bateu o pé com seus sócios para incluir as bandas punk. A cidade mineira, a meros 180 km do Rio, já tinha naquela época um movimento razoavelmente estruturado, com fanzines (*Aos Berros*), bandas (Força Desarmada, Patrulha 666) e alguns militantes (Tenente Laranja, Vietnã, Don Hélder e Virgin Punk) que volta e meia estavam no Rio, no Dancy. Ônibus cheios de punks do Rio e de São Paulo chegaram à cidade para prestigiar o festival. Logo ao desembarcar em Juiz de Fora, Satanésio, àquela altura com 15 anos, foi atropelado por um Fusca. Tomou alguns pontos na cabeça e foi direto para o estádio ver os shows. Fora o pogo de praxe, não houve muita confusão — apenas uma parte do gramado que foi queimada, nas fogueiras para espantar o frio da madrugada. Juiz de Fora não só sobreviveu ao punk, como Marcos Petrillo viria a realizar seu Festival em outros anos, sempre trazendo bandas do gênero.

Algo, porém, acontecia com o Coquetel Molotov. Em outubro de 83, em show no finado Western, no Humaitá, a banda tocou pela primeira vez "Uma Certa Manhã em 1999", canção lenta e depressiva, mais para o pós-punk de The Cure e Joy Division. A execução provocou, segundo relatos, gritos de "traidores" e "punk-açúcar". Em 11 de fevereiro do ano seguinte, o Coquetel voltou a ser acusado de traidor pelos punks, em show no Circo Voador, com Camisa de Vênus e Capital Inicial. Tatu e Lúcio eram cada vez menos assíduos do *point* na Cinelândia, e as mudanças no seu estilo, cada vez mais evidentes. "A gente viu que estava se repetindo. Música é música mesmo, tem que ter certo cuidado. Estamos mantendo o mesmo tipo de texto, mas trabalhando mais os arranjos", justificava-se Tatu. Nessa época, a banda estava preparando fita demo com as músicas "Subúrbio" ("Essa tem um apelo muito bom para rádio AM", dizia o vocalista) e "Uma Certa Manhã em 1999". "A gente recebeu proposta de todas as gravadoras", conta César Nine. Falava-se num compacto duplo de estréia prometido pela Fermata para o início de 84. Mas, por divergências nunca explicadas entre os integrantes, o Coquetel acabou não gravando nada — poucos meses depois, a banda se desmanchou.

O ano de 1984 marca o início do racha entre os punks da Zona Oeste e dos subúrbios mais distantes com os da Tijuca e do Centro. Os primeiros viraram hardcore e se aferraram aos princípios do movimento. Os outros abriram o leque de influências musicais e aderiram ao pós-punk e

Anos 90 e a luta dos punks continuava no Rio, levada no underground por uma série de bandas como o Repressão Social.

à new wave. De um lado, estão os Desordeiros (que participam do disco *Holocausto Não*, dos Estúdios Vermelhos, e mais tarde gravam seu próprio álbum), Descarga Suburbana, Desgaste Mental, Realidade Negra e Ultimato. De outro, As Primeiras Damas (ex-Eutanásia) e Zero Frontal (ex-Desespero). Paralelamente às tendências ao *crossover* verificadas no exterior, os punks hardcore do Rio iriam receber guarida — quem diria! — dos heavies da Zona Sul. Em 22 de setembro, Desordeiros e Patrulha 666 se apresentaram com o Metalmorphose e o Dorsal Atlântica em Marechal Hermes, no que foi provavelmente o primeiro show reunindo punks e heavies no Brasil. Carlos Vândalo (que se intitulava também Carlos Punk), vocalista e guitarrista do Dorsal, era um dos pregadores mais fervorosos da união entre as duas facções roqueiras. Essas idéias de livre mistura sonora foram repercutir em Itaboraí, no estado do Rio, onde surgiram em 84 os Tubarões Voadores. Liderados pelo vocalista Sérgio Espírito Santo, eles mesclavam hardcore, reggae e ritmos brasileiros (bem antes do forró-core dos Raimundos) e chegaram a gravar para o Ataque Frontal, com produção de Redson.

Os pós-punks, por sua vez, iriam se aproximar cada vez mais da Zona Sul em busca do material sonoro (há que ressaltar que em 84 não havia MTV no Brasil e os discos ingleses chegavam muito caros ao Rio). "Nós éramos carentes de música. Até então, os discos vinham todos de São Paulo", conta Satanésio. Para ele, que depois viria a ser o vocalista da banda pós-punk-samba Black Future (autora do clássico disco *Eu Sou o Rio*, de 1988), o marco de sua conversão foi a festa Papa-Wave, organizada pelo DJ José Roberto Mahr, mais tarde titular do programa de rádio Novas Tendências, na boate Papagaio's. Ali surgiam as novidades do rock para muitos daqueles punks. Em contrapartida, o discurso punk também serviu de substrato poético para algumas bandas na Zona Sul, como é o caso do Urge, formado em 84 por Pedro Luís (que tocava na Paris 400, banda de apoio do grupo teatral Asdrúbal Trouxe o Trombone, e no fim dos 90 se tornou compositor requisitado da MPB, seguindo carreira solo com a banda A Parede) e a punk Margô. "Idiotas", sucesso da banda na Fluminense FM, é bandeira total: "A fábrica de idiotas não pára de funcionar / A fábrica de idiotas não pára de funcionar / Com suas hipopóteses / Frases preparadas / Idéias solidificadas / Tudo babaquice / Tudo babaquice / Tudo!".

Numa espécie de crepúsculo do punk no Rio, ainda em 84, Maria Juçá tentou reunir no Circo o Coquetel Molotov, o Descarga Suburbana e aquele que considerava um dos sujeitos mais punks da música brasileira: Tim Maia. Resultado: os rapazes e o "Síndico" se detestaram logo de cara. No palco, além das reclamações de praxe pela falta de retorno, Tim teceu comentários nada elogiosos sobre o show de abertura. "Deram uma descarga no meu ouvido!" Indignadas, as bandas foram para o jardim do Circo. Depois de meia hora, segundo Juçá, os punks voltaram à lona para assistir ao show. A noite então terminou com uma grande confraternização do cantor com as bandas no camarim. Ela conta que Tim Maia, animadíssimo, assumiu o título que ela lhe havia conferido, disse que havia encontrado sua turma e falou dos tempos "punks" nos Estados Unidos, que acabaram em 1963, quando ele foi extraditado depois de ter sido pego com maconha.

Oitenta e cinco, que começou com um Rock in Rio (sem a menor sombra de punk), aprofundou a separação entre as Zonas Norte e Sul. O refúgio dos punks naquele ano foi a Ilha dos Mortos, boate inaugurada em março no lugar da antiga Mariuzinn, num cubículo em Copacabana. Lá, o pogo, ao som de Olho Seco e Plebe Rude, era de lei e todo mundo tinha que ir vestido de preto e cinza. Apresentavam-se bandas do pós-punk, como Black Future, Ethiopia e Alternativa 3 (esta com Olmar, César Nine e Fernando Magalhães). A freqüência era eclética, reunindo jovens das Zonas Sul e Norte. Na mesma época, também em Copacabana, surgiu o Crepúsculo de Cubatão, templo dark criado por Ronald Biggs e o parceiro Tristan Pearson, que concentrou a ala Zona Sul do pós-punk e não teve a adesão dos punks do subúrbio. A antiga cena, a essa altura pulverizada, chegou ao livro em 85, com a publicação de *Movimento punk na cidade: a invasão dos bandos sub*, tese de mestrado da antropóloga Janice Caiafa. A partir da curiosidade acadêmica em relação àquelas reuniões na Cinelândia, ela acabou por conviver com os punks no período entre junho de 83 a dezembro de 84. Depois de muitas reflexões, essa era a sua avaliação da situação em 85: "Por enquanto, eles estão escondidos no buraco suburbano, rindo dos pseudopunks e esperando o momento de contra-atacar. É sempre assim. Eles somem e aparecem quando menos se espera. É a própria estratégia punk".

E o punk ainda pulsava no Rio. Bandas como Desodeiros, Auschwitz e Espermogramix gravaram faixas para o disco *Ataque Sonoro*, do Ataque Frontal. E o festival Bueiro Aberto, em agosto, na danceteria Metrópolis, trouxe os shows do Cólera e dos Garotos Podres (o Circo Voador traria uns tantos outros nos anos seguintes). Os fanzines também continuavam a circular: *Caos* (do Auschwitz), *E Agora?* (de Tatu), *Expurgo Zine* (de Lisa Baader), *Jam Session* (do skate-punk Guto Jimenez)

Sub-Atitude: símbolo de resistência do punk nos poucos espaços que sobraram para as bandas no Rio.

e *Campo de Concentração*. Em comum entre eles, a orientação anarquista e o repúdio aos nazi-punks, aos militares, à guerra atômica e à política imperialista do presidente americano Ronald Reagan. Em 86, Aranha, Rossi (ex-Auschwitz) e outros punks ainda se reuniam na Cinelândia, tentando recompor o movimento. Os hardcores se encontravam em separado nos Arcos da Lapa. E ainda havia os carecas, distantes dos dois. Daí para a frente, a pulverização seria total. Em 87, com o cabelo penteado de lado, Tatu voltaria com o Coquetel — era o único membro original — trazendo uma nova proposta sonora, com ênfase na melodia e na harmonia. "Se tiver alguém a fim de botar o movimento punk pra frente, tudo bem. Mas não contem comigo", dizia. Nessa época, o punk e o pós-punk já se encontravam completamente sedimentados no Rio em suas duas principais trincheiras: o Circo Voador e a Rádio Fluminense. Juntas, elas ajudariam a fazer a segunda revolução do Rock Brasil dos anos 80, ao revelar para a indústria nomes saídos do punk como Legião Urbana, Capital Inicial e Plebe Rude.

O tempo passa e chegam aquelas "certas manhãs em 1999". Olmar está morando em São Francisco, nos EUA, onde é músico. César e Satanésio ainda estão nas imediações da Lapa. O primeiro toca guitarra no Finis Africae e no Camisa Preta, além de cantar no projeto Soul Brasil, do mangueirense Ivo Meireles. O outro é funcionário público e sonha em um dia ver o disco do Black Future relançado em CD. Lúcio Flávio dá aulas de skate no Cebolão da Barra e tem uma banda punk, a Aliança Incorruptível. Ele quer esquecer o passado: "Dei a vida pelo movimento, causei muito problema. Toquei por nada, fiz muito de coração e até faltando um dente". Tatu tenta, periodicamente, remontar o Coquetel Molotov. Seu discurso, dizem os amigos, é cada vez mais confuso. Foram eles que fizeram a revolução punk no Rio — mas nem sempre a história é gloriosa para os heróis.

Renato Russo, Dinho, Marcelo Bonfá (de cabeça para baixo), Ico Ouro Preto e Maria Inez Laurent: cena típica daquela turma da Colina, que descobriu no punk rock uma forma de acabar com o marasmo de Brasília, em 1980.

7.
TÉDIO COM UM T (BEM GRANDE PRA VOCÊ)

Capital da esperança / Asas e eixos do Brasil / Longe do mar, da poluição / Mas um fim que ninguém previu
("Brasília", Plebe Rude)

Ao contrário do que aconteceu em São Paulo e no Rio, em Brasília a revolução punk teve sua penetração inicial exclusivamente entre um grupo muito seleto de jovens da classe média. Várias são as teorias possíveis para tentar explicar essa singularidade. O melhor, porém, é atentar para a geografia da cidade, com quadras e superquadras separadas por longos trechos de cerrado — coisas de uma metrópole artificial, construída no centro do país com a única finalidade de se tornar sua capital político-administrativa. Inaugurada em 1960 pelo presidente Juscelino Kubitschek, Brasília abrigou toda a sorte de pessoas ligadas ao poder: parlamentares, diplomatas, funcionários públicos, jornalistas... E, por tabela, aqueles que ajudaram a construí-la (jogados depois na periferia) e os que iriam se encarregar de manter a estrutura básica de vida dos cidadãos — profissionais liberais, comerciantes, bancários, médicos e professores. No campus da Universidade de Brasília, foram criados quatro blocos de prédios residenciais para os professores morarem. Toda essa área, razoavelmente isolada do resto da cidade, ficou conhecida como Colina. Onde há universidades, todos sabem, há um trânsito de idéias mais livre. Para aqueles intelectualmente ativos, tentando sobreviver numa cidade que vivia como nenhuma outra o sufocamento do regime militar, aquela área era algo próximo de um oásis.

Felipe (Fê) Lemos, baterista do Capital Inicial, era um desses filhos de professores que cresceram no ambiente democrático da Colina. Ele lembra que, por volta de 1974, quando tinha 12 anos e vivia brincando de esconde-esconde na área entre os prédios, volta e meia via grupos musicais ensaiando nos espaçosos apartamentos que havia por lá. Muito chamara a sua atenção o Monjolo, que ia numa onda "meio Clube da Esquina". Animado, aos 13 ele já estava tocando bateria, na cola de bandas como o Led Zeppelin. Dois anos depois, estaria com sua família na Inglaterra, onde pôde acompanhar de perto a explosão do punk rock. "Ouvia o programa de John Peel na BBC e pegava quase que instantaneamente aquelas novas músicas daquelas novas bandas." Para o jovem baterista, havia nelas um sentido de urgência que ele não percebia em alguns de seus antigos roqueiros. Em terras inglesas, Fê chegou a assistir a um show da *White Riot Tour* do Clash, que trazia a seu reboque outras bandas como os Buzzcocks, as Slits, o Subway Sect e o Jam. "Só não vi o show dos Sex Pistols porque eles não estavam tocando na época."

Em 1978, o garoto voltou ao Brasil com cerca de 50 discos na mala. A maior parte, de bandas punk. "Voltei totalmente punk, com coleira de cachorro e tudo", conta. No entanto, ele não encontrava ninguém na Colina com quem pudesse dividir o seu entusiasmo com a descoberta. "O pessoal torcia o nariz para o punk, dizia que as bandas não sabiam tocar." Isso só começou a mudar quando os seus irmãos Flávio e André conheceram no colégio os também irmãos Loro e Geraldo, que moravam em outra parte da cidade e gostavam de punk rock. Logo, estes estariam cruzando o cerrado para freqüentar a Colina com os Lemos. Numa cidade dominada pela discothèque e pela MPB, cheia de *boys* filhos de gente importante, adeptos da selvageria pura e simples (graças à certeza da impunidade), era difícil descobrir almas gêmeas quando se gostava de algo tão esdrúxulo quanto o punk. Muitas vezes amizades sólidas se iniciavam por causa de uma camisa dos Ramones ou por uma fita dos Sex Pistols. Ainda naquele 78, numa festa, Fê iria descobrir que alguém além daquela turma inicial da Colina gostava de Pistols e Clash: Renato Manfredini Jr. (futuramente conhecido como Renato Russo), um rapaz magrelo, de 18 anos, culto e extremamente amigável, com jeitão de professor ou irmão mais velho.

Para entender essa que se tornou uma das figuras mais fascinantes do Rock Brasil — aquela que, partindo do punk, levou o pop brasileiro ao seu mais alto nível poético — é preciso voltar um pouco mais no tempo. Carioca, nascido em 1960, filho de um bancário, Renato morou em Nova York na infância e, por causa de um problema na perna, passou parte da adolescência na cama de seu quarto em Brasília (morava na Asa Sul). Assim, seus únicos companheiros eram os livros e os discos, principalmente os de rock progressivo — Genesis, Emerson Lake & Palmer, Yes, ele tinha todos. Com o declínio artístico desse gênero, Renato, que sempre lia com avidez os poucos *New Musical Express* e *Melody Maker* disponíveis na cidade, começou a se interessar pelo punk rock. As histórias sobre Sid Vicious o fascinavam. Logo, ele foi atrás dos discos punk. Achou o inevitável LP *A Revista Pop Apresenta o Punk Rock* e pediu a seu professor de inglês que comprasse outros quando fosse à Inglaterra. Um dia, na rua, viu um "Sid Vicious louro" passando. Chegou perto e perguntou: "Você gosta dos Sex Pistols?". Estava começando ali sua amizade com André Pretorius, filho do embaixador da África do Sul.

Mais para o fim de 78, a Colina havia se tornado o ponto de reunião dos poucos fãs de punk rock na cidade, que trocavam entre si os lançamentos fonográficos de que, de alguma forma, conseguiam se apossar. Os garotos já começavam a espetar alfinetes de segurança nas bochechas e andavam com roupas rasgadas, buttons, casacos do exército e pulseiras cheias de tachinhas. Eram, basicamente, Renato, Fê, Pretorius, Loro, Geraldo, Gutje e Phillipe Seabra. "A gente andava junto, se vestia igual e ia curtir um som todas as noites, tocando violão em volta da fogueira", conta Fê. Lá, fumavam um baseado, tomavam vinho ou cheiravam benzina (nada de drogas pesadas ainda, apesar de terem criado um Clube da Criança Junkie) e saíam pela Asa Norte com o carro roubado dos pais "assustando os guardinhas da UnB", como lembra o baterista do Capital. De vez em quando, a Turma da Colina invadia alguma festinha e punha uma de suas fitas com o melhor do punk rock e da new wave — para a revolta das "travoltetes". Logo, aconteceu o que tinha que acontecer: inspirados pelo *do-it-yourself*, aqueles punks candangos iriam começar a montar suas bandas. Algo que muito agradava a Renato, um formador de turmas por natureza, que fazia e desfazia grupos imaginários nas tardes solitárias em seu quarto.

Fê e André Pretorius haviam se comprometido a formar uma banda com André Müllen (outro punk da Colina, que na ocasião estava em Londres e de lá mandava fitas com os programas de John Peel). Mas Renato não deixou: chegou para os dois e sugeriu que fizessem a banda com ele. Numa das noites na Colina, Pretorius veio com o nome: Aborto Elétrico, sobre um cassetete eletrificado, usado pela polícia de Brasília com efeitos terríveis para as gestantes (não é certo que tal artefato realmente tenha existido). Renato no baixo, Fê na bateria e Pretorius na guitarra, eles começam a ensaiar ainda em 78. Ao mesmo tempo, Loro (na guitarra), Geraldo (no baixo) e Gutje (na bateria) formam a Blitz 64 (mais tarde Blitx). Montadas como uma alternativa desses jovens ao tédio que reinava no cerrado, essas duas bandas seriam a ponta de lança do punk rock em Brasília.

O ano de 1979 é todo gasto em ensaios, com os músicos ainda tentando aprender a tocar seus instrumentos. O Aborto passava horas em cima de uma canção dos Ramones, "Now I Wanna Sniff Some Glue", com

De óculos, Geraldo (Geruza, Blitz 64); com a mão na nuca, Gutje (idem); na bateria, Fê Lemos (Aborto Elétrico); atrás (à direita de Fê), Renato Russo, de costas; e de frente, Loro Jones (Blitz 64), em 1980.

Abaixo, show do SLU (Serviço de Limpeza Urbana) durante a Expoarte 6, na Faculdade de Arquitetura da UnB, em 1981. Na bateria, Marcelo Bonfá.

um equipamento que não era tão precário quanto o dos punks paulistas e cariocas (Renato tinha um baixo e um amplificador Giannini; Fê uma bateria importada Premier, a qual conserva até hoje). Eles não haviam incorporado ainda as letras que Renato escrevia desde 1977 (e que seriam reconhecidas tempos depois como a grande força da banda). Tudo ainda era bem descompromissado, juvenil. Paralelamente às bandas, os punks da Colina continuavam a se reunir, a fazer acampamentos e já enfrentavam, segundo Fê, a reação do *establishment* hippie da cidade, principalmente do pessoal do grupo cultural Cabeças, que promovia "tardes musicais". "A gente incomodava, não era música com flautinha. É muito engraçado, mas o Renato só foi reconhecido depois que saiu de Brasília. Muita gente achava ele um chato", conta.

O fogo do punk havia sufocado qualquer outro interesse musical naqueles rapazes. "Nós, os jovens, gostamos de ação, muita energia. O samba tem sua energia, mas fica restrito ao carnaval. A MPB virou um tédio. Só o rock passou a nos interessar. Qualquer jovem normal gosta de rock. Quem tem dentro de si uma semente de cultura estrangeira curte rock pra valer", teorizava Renato em 1983. Em fevereiro de 79, a morte de Sid Vicious provocou no baixista um luto irreprimível — quando soube, tomou o primeiro de muitos porres de sua vida. Depois, ele escreveu, com o pseudônimo de Eric Russel, uma carta-desabafo que foi publicada em março no *New Musical Express*.

Apesar de algumas provocações típicas de Renato (dizendo que Loro, Geraldo e Gutje tinham montado a banda com inveja dele), Aborto e Blitz 64 tinham a melhor das relações. "Uma era platéia da outra", lembra Fê. Só que, enquanto a primeira partia para uma linha mais poética, a outra era um escracho só. "Romeu e Julieta / Que coisa mais careta / Vai tomar no cu", cantava Gutje (bem rapidinho, para dar tempo de fugir da polícia, é claro). "Naquela época, a possibilidade de tocar ao vivo era uma aventura", conta o baterista do Capital Inicial. O primeiro show do Aborto Elétrico aconteceu em 1980, num bar chamado Só Cana, no centro comercial Gilberto Salomão. O som da banda era um punk rock mais lento, como o dos Stooges e do MC5. André Pretorius saiu logo após esse show, pois tinha que servir o Exército na África do Sul. Flávio, irmão de Fê, assumiu o baixo depois que Renato lhe deu umas lições e este foi para a guitarra. O segundo show já seria dividido (literalmente, já que usavam o mesmo equipamento) com a Blitz 64.

Nessa época, Dado Villa-Lobos tinha 14 anos de idade e morava com a família na 213 Sul, "um gueto de diplomatas", área normalmente fre-

Nos tempos do Aborto Elétrico, Renato Russo (aqui com Flávio Lemos) ensaiou a revolução poética que iria promover anos depois, no Rock Brasil, com a Legião Urbana.

qüentada apenas por moradores. Numa tarde tediosa, invasores vestidos de forma estranha vieram quebrar a tranqüilidade do local. "Parecia *Laranja Mecânica*", lembra Dado. Na maior sem-cerimônia, eles se encaminharam para um muro e picharam: "AE, Aborto Elétrico". Eram Renato, Fê, Flávio e um outro punk não-identificado. Eles haviam pichado a cidade inteira com aquele A de Anarquia colado num E, como na letra do alfabeto latino (Æ). Intrigado com aquilo, Dado pela primeira vez resolveu sair da sua quadra e conhecer o mundo que o cercava. "Esses caras foram uma isca", diz. Nessa, ele chegou ao Bar Cafofo, no subsolo de um prédio na 408 Norte. Lá, o Aborto Elétrico e a Blitz 64 faziam um esporro monumental. "Você não entendia uma palavra, o lugar reverberando. Você não conseguia distinguir uma nota, mas você pulsava com aquele negócio." Daí em diante, a vida de Dado nunca mais foi a mesma — chegou para ele a adolescência, com "as drogas, a música e as meninas". Outro moleque novo de Brasília, Marcelo Bonfá viu o Aborto em abril de 80. "Bateu uma coisa muito forte, fiquei todo arrepiado", disse ele em 89. Recuperado do choque, Bonfá partiu para montar uma banda com André, irmão de Fê e Flávio.

Logo chegava à Colina, atraída por aquele barulho infernal, a turma dos filhos de diplomatas. Ou seja, Dado e os irmãos Dinho e Ico Ouro Preto. Fora Pretorius, os punks eram todos filhos de professores (Fê, Flávio, André Müllen, Gutje), de bancários (Renato) e de demais profissionais liberais. Eram, no máximo, classe média alta, mas todos bem versados em inglês (Renato era professor da língua e disputava os *New Musical Express* e *Melody Maker* da cidade com Fê), além de bastante cultos. Um dos pontos de encontro dessa turma eram as cinematecas, onde se exibia o mais refinado da produção mundial — filmes de Werner Herzog, Jean Renoir, Jean Cocteau, Rainer Fassbinder, Wim Wenders e Luis Buñuel. Na Cultura Inglesa, por sua vez, eles viam os filmes de rock — *The Song Remains the Same* (do Led Zeppelin) e *Gimme Shelter* (dos Rolling Stones). Não é de estranhar que o Aborto tenha se formado sob o signo da sofisticação. Renato era uma enciclopédia musical ambulante e alguém bastante singular para se contentar com o tatibitate pop da época. "Enquanto a juventude se perdia na mesmice da discothèque, nós nos propúnhamos a trabalhar com idéias. Sim, porque os punks lidam com idéias", dizia ele em 1983.

As letras que ele escrevia eram verdadeiros prodígios — mais tarde, gravadas pela Legião Urbana e Capital Inicial, acabariam por se tornar parte do cancioneiro da MPB. "O Aborto inaugurou o texto politizadopoético. Foi a primeira vez que os jovens de classe média falaram de suas vidas", analisa Fê. Com "Geração Coca-Cola", Renato fez o raio-X daqueles adolescentes que cresceram sob a ditadura e buscavam mudança. "Quando nascemos fomos programados / A receber o que vocês / Nos empurraram com os enlatados / Dos USA, de nove às seis / Desde pequenos nós comemos lixo / Comercial, industrial / Mas agora chegou nossa vez / Vamos cuspir de volta o lixo em cima de vocês / Somos os filhos da revolução / Somos burgueses sem religião / Somos o futuro da Nação / Geração Coca-Cola." Mais virulenta, porém, era "Que País É Este?" (título de um livro de Millôr Fernandes), com sua base tirada de "I Don't Care", dos Ramones: "Nas favelas, no Senado / Sujeira pra todo lado / Ninguém respeita a Constituição / Mas todos acreditam no futuro da Nação / Que país é este?". Ambas acabaram sendo gravadas, bem depois, pela Legião Urbana.

Retratos da vida dos jovens em Brasília? Nenhum melhor que "Tédio com um T (Bem Grande pra Você)": "Moramos na cidade, também o presidente / E todos vão fingindo viver decentemente / Só que eu não pretendo ser tão decadente não / Tédio com um T bem grande pra você. // Andar a pé na chuva, às vezes eu me amarro / Não tenho gasolina, também não tenho carro / Também não tenho nada de interessante pra fazer / Tédio com um T bem grande pra você / Se eu não faço nada, não fico satisfeito / Eu durmo o dia inteiro e aí não é direito / Porque quando escurece, só estou a fim de aprontar / Tédio com um T bem grande pra você". Simples, não? Mas quem conseguiria ir tão direto no cerne da questão adolescente, falando aos garotos sem parecer imbecil ou um velho? Só mesmo Renato.

Lidando com suas dificuldades, sua estranheza e seus demônios internos (em especial, a repressão dos impulsos homossexuais), ele sabia ser apavorante quando queria — como em "Veraneio Vascaína" (esta gravada pelo Capital em seu primeiro disco): "Cuidado pessoal, lá vem vindo a Veraneio / Toda pintada de preto, branco, cinza e vermelho / Com números do lado e dentro dois ou três tarados / Assassinos armados, uniformizados / Veraneiro Vascaína vem dobrando a esquina". Renato era um dos que mais teve problemas com a polícia — certa vez chegou a ser preso numa discussão com os *boys* da cidade — e sempre demonstrou sua revolta contra as arbitrariedades dos meganhas. A ação policial mais dura contra os jovens de Brasília naquele ano de 1980 foi durante a segunda edição da Rockonha, festival com fartas doses de erva e de rock, realizado num sítio nos arredores de Brasília. No primeiro, tudo deu certo, com caixas de som penduradas nas árvores, o melhor clima de Woodstock tupiniquim. No seguinte, segundo Fê, o organizador "pirou" e imprimiu o convite numa "seda" (papel no qual são enrolados os baseados). Ao chegar no local, o baterista já encontrou policiais armados e cães com dentes à mostra. "Achei que eles estivessem organizando o estacionamento", ironiza. Vários adolescentes aterrorizados tiveram que acordar seus pais aquela madrugada para irem buscá-los no distrito policial.

No fim de 1980, as famílias de Fê e de André Müllen (que tinha voltado da Inglaterra e fundou o SLU, mais tarde conhecido como Metralhas) se mudaram da Colina — a partir daí, os dois passariam a freqüentá-la cada vez menos. Os ensaios do Aborto Elétrico foram transferidos então para a nova casa dos Lemos, no lago Norte. Ainda naquele ano, de férias em Brasília, Pretorius participaria dos ensaios em que foram compostas "Que País É Este?", "Veraneio Vascaína", "Música Urbana", "Conexão Amazônica" e "Baader-Meinhof Blues". Quatro anos depois, morreria de overdose nos Estados Unidos. Em 81, várias bandas já se apresentavam na cidade junto com o Aborto e a Blitx, entre elas a Plebe Rude (com Gutje na bateria, Philippe na guitarra e vocais, Jander Bilaphra nos vocais — e, mais tarde, na guitarra — e André Müllen, rebatizado de André X, no baixo). Jander, mineiro de Leopoldina, então novato na turma da Colina, diz que só começou a se interessar por música depois de conhecer o punk com a rapaziada: "Ele mostrou o caminho de se tocar sem se preocupar em ser músico. Eu renegava a música brasileira. Só depois eu fui descobrir que gostava". O primeiro show da Plebe, ainda sem ele, aconteceu no Clube de Imprensa de Brasília. Como Philippe não conseguisse ainda cantar e tocar ao mesmo tempo, Jander (que nunca havia cantado) foi convidado para a tarefa. O nome da banda veio diretamente do vocabulário do avô de um dos integrantes e expressava a extrema politização do discurso que embasava as músicas. Críticas ferinas à sociedade estariam presentes nas canções iniciais da Plebe, como "A Dança do Semáforo" (na qual a banda teve, brevemente, o reforço nos vocais das meninas Ana e Marta), "Voz do Brasil", "Tá Com Nada" e "Pressão Social".

Inicialmente ligada ao punk mais tradicional, a Plebe era, das bandas de Brasília daquela época, a que mais tentava se aprimorar nos shows, tocando o quanto podia, mas sem perder a energia. Era também a que mais filipetava, fazia adesivos e se aprimorava nas gravações de fitas. No seu rastro, vieram outras bandas, como 5ª Coluna, Fusão e Dado e o Reino Animal. Os palcos mais freqüentes eram os de festinhas de colégio e aniversários. Nesse mesmo ano, os membros do Aborto e da Blitx participa-

Jander, Gutje, Phillipe e André X: eis a Plebe Rude provocando
as primeiras rachaduras no concreto da Capital Federal.

riam da peça *O Último Rango*, de Peterson Diesel e J. Pingo, no Teatro Galpão. Uma noite, tudo acabou numa batalha com a espuma dos extintores de incêndio. Ainda em 81, Ico Ouro Preto assumiu a guitarra do Aborto Elétrico, deixando Renato livre para os vocais. Os planos do poeta para a sua banda começavam a ficar mais ambiciosos.

O problema é que nem todos no Aborto pensavam igual. Fê, por exemplo, ainda encarava aquilo tudo como uma mera forma de passar o tempo livre. Quando Renato veio com "Química" ("Não saco nada de Física / Literatura, Gramática / Só gosto de Educação Sexual / E eu odeio Química"), o baterista não gostou — achou a composição infantil, forçada (eram todos bons alunos), indigna de figurar no repertório do Aborto. Com seu espírito punk, ele também encrencou quando, num show, Renato começou a falar de John Lennon. Atirou-lhe uma baqueta na cabeça — traquinagem que acabou de vez com a paciência do vocalista, já irritado com a falta de empenho de Fê. Resultado é que o Aborto acabou perdendo o seu líder — era, virtualmente, o fim da banda.

Renato passou a se apresentar nos bares de Brasília, violão em punho, como o Trovador Solitário, espécie de Bob Dylan candango. Até que alguém prestasse alguma atenção, ele jogava ao léu composições fantásticas como "Eduardo e Mônica", "Eu Sei" (ambas numa linha mais lírica, que se insinuava no Aborto em canções como a inédita "Love Song One") e o épico "Faroeste Caboclo". Mas Renato não conseguia viver sem uma banda. Um dia, chamou Marcelo Bonfá, que havia saído do SLU, e sugeriu a ele que formassem um núcleo do qual participariam outros guitarristas. Mas acabaram optando por ter um fixo. Paulo Paraná e Ico Ouro Preto ocuparam o posto até que, em 83, chegasse Dado Villa-Lobos. Nascia definitivamente a Legião Urbana.

Ao mesmo tempo, em junho de 82, Fê e Flávio foram convidados por Loro para juntos formarem o Capital Inicial. Um dia, vendo TV, ele chegou à conclusão de que tudo aquilo que vinha fazendo com o Aborto Elétrico tinha viabilidade comercial. "Não esqueço de quando vi a Blitz no *Fantástico* (nessa época a banda carioca estourara nacionalmente sua primeira música, "Você Não Soube Me Amar") e disse: 'Mas isso aí é rock!'" Daí em diante, ele tomou consciência de que valia a pena ensaiar e defender a carreira de sua banda — ela poderia se tornar mesmo um meio de vida. Em 98, Dado Villa-Lobos também reconheceu o estímulo das "batatas fritas" ao rock brasileiro: "Verdade seja dita: foi a Blitz que começou com isso tudo, que abriu para todo mundo, pelo menos para as pessoas lá de Brasília". Um ano depois do estouro de "Você Não Soube

Me Amar", os Paralamas do Sucesso (de Herbert Vianna, que morava na Colina, e Bi Ribeiro, que freqüentara o local) gravariam "Química" em seu disco de estréia, "Cinema Mudo". O sucesso daquele rock de Brasília era uma questão de tempo. Ainda em 82, a Legião estreou nos palcos em Patos de Minas (MG), abrindo para a Plebe Rude, a mais bem-sucedida de Brasília na época (ela faria até um filme, *Ascensão e Queda de Quatro rudes plebeus*, ficção que levou o prêmio de melhor filme experimental no Festival de Cinema Super-8 de Brasília, em 83). Renato (que participou da fita interpretando o inescrupuloso empresário Renato Manfredo) e sua turma começariam a provocação com "Que País É Este?". Mas quem iria para a cadeia eram os quatro da Plebe, tudo por causa de uma música intitulada simplesmente "Vote em Branco".

Em 1983, a Colina estava sendo tomada por bandas (praticamente uma centena) de toda a parte de Brasília e dos mais variados estilos — do ska ao punk rock mais radical, violento, que decididamente não tinha a ver com as bandas iniciais. "Aborto e Blitx eram paz total", conta Fê. Naquele mesmo ano, Renato reagiria em entrevista contra a agressividade dos punks que apareciam em Brasília, vindos da periferia. "Se percebessem nossas propostas, saberiam que somos a tribo mais dócil do mundo. Nossa estética é da feiúra, mas não somos agressivos, não saímos cuspindo nos outros." Bandas mais bem-estruturadas de Brasília naquela época, Legião Urbana, Plebe Rude e Capital Inicial (já com Dinho Ouro-Preto nos vocais) ensaiavam cada vez mais regularmente e estavam todas encaminhando seu som na direção da new wave de Talking Heads e Gang of Four ou o pós-punk do PIL e Comsat Angels. A Plebe era, de longe, a mais energética, mais próxima do punk. Naquele ano, elas decidiram todas tentar a sorte no Rio de Janeiro (em casas como Circo Voador, Mamão com Açúcar, Morro da Urca) e em São Paulo (no Napalm e no Madame Satã). A Colina, esquecida por sua turma pioneira, minguava. "O próprio crescimento da turma de lá provocou o colapso", explica Fê.

Em Sampa, a primeira surpresa do trio de bandas foi descobrir que existiam punks no Brasil fora de Brasília. Quando a Legião tocou no Napalm, integrantes do movimento paulistano ficavam provocando: "Mais forte, filho de general". "Em São Paulo, os conflitos de classe eram bem mais fortes", reconhece o baterista do Capital. Mas o encontro com os punks se deu sem maiores problemas, se bem que o maior contato era mesmo com as bandas da new wave, como Ira!, Voluntários da Pátria e Azul 29. Com suas fitas demo em rotação na Rádio Fluminense, não demorou para que Plebe, Legião e Capital despertassem o interesse das gravadoras multina-

Dinho, Fê Lemos, Loro Jones e Flávio Lemos. O Capital Inicial em sua primeira sessão de fotos, numa construção abandonada à beira do lago Paranoá, em 1983.

Loro, Fê, Dinho e Flávio: no final dos anos 90, o Capital Inicial.

cionais. Em 84, a CBS (hoje Sony) contratou o Capital Inicial e lançou o seu primeiro compacto, com "Descendo o Rio Nilo" e "Leve Desespero". A EMI ficou com a Legião, que partiu diretamente para o LP, *Legião Urbana*, lançado no fim do ano, com Renato "Negrete" Rocha substituindo no baixo o Russo, que estava se recuperando de cortes no pulso, resultantes de uma semi tentativa de suicídio. Com raras exceções (como "Geração Coca-Cola"), o que predomina nessa obra-prima do Rock Brasil são as canções mais novas da banda, como "Ainda É Cedo", "Soldados" e "A Dança" (um retrato daqueles *boys* de Brasília em ritmo de pseudo disco). As velharias do Aborto só seriam gravadas em 1987, no terceiro disco da banda, *Que País É Este? 1978-1987*.

Em 1985, as três bandas brasilienses estariam morando fora — Plebe e Legião no Rio, Capital em São Paulo. Enquanto *Legião Urbana* estourava nas rádios para surpresa de todos (com "Será" e "Geração Coca-Cola"), a reação (no bom sentido) estava sendo preparada. Com produção de Herbert Vianna, a Plebe Rude gravou para a EMI o mini-LP *O Concreto Já Rachou*, literalmente um dos discos mais demolidores do Rock Brasil, fazendo jus a toda a potência que a banda mostrava nos palcos. O cello de Jacques Morelembaum abria "Até Quando Esperar", marco da reivindicação social nas FMs brasileiras ("Com tanta riqueza por aí onde é que está / Cadê sua fração? / Até quando esperar / A plebe ajoelhar / Esperando a ajuda de Deus"). Com guitarradas certeiras e uma cozinha pulsante, a Plebe atacava o poder militar ("Proteção", "Johnny Vai à Guerra") e ironizava a escada para a fama ("Minha Renda", na qual fizeram Herbert dar vexame cantando o segundo verso de "Já sei o que fazer pra ganhar muita grana / Vou mudar meu nome para Herbert Vianna"). De quebra, o disquinho ainda trouxe aquela que, junto com as duas "Música Urbana" (n°s 1 e 2) de Renato, pintou o retrato mais realista (quase cinematográfico) da capital do poder: "Brasília", que no disco contou com um tenso (e impactante) entrelaçamento dos vocais de Phillipe e Jander.

Mesmo depois da saída de seus filhos mais diletos, o rock do Planalto Central continuou a fervilhar. Em 85, a coletânea *Rumores*, do selo Sebo do Disco, trouxe à luz quatro novas bandas: Finis Africae, Elite Sofisticada, Escola de Escândalo (de Geraldo, ex-Blitx) e Detrito Federal. Mas é só esta última que nos interessa, com o mais grosso punk rock de estilo Oi!, em músicas como "Fim de Semana"("Fim de semana amaldiçoado / Fim de semana sem nenhum trocado"). Originalmente formada por Alex Podrão (ex-Anti-Tédio e ex-Subdivisão, vocais), João Bosco (ex-Apocalixo, guitarra), Mila Menezes (baixo) e Paulo César Cascão (ex-Arroto Provisório e ex-Ratos de Brasília, bateria), ela passou por uma série de reformulações. Ressurgiu dois anos depois, com Cascão nos vocais, Milton Medeiros no baixo, Mauro Manzoli na guitarra e Débora Darwick na bateria. O som do Detrito também voltou diferente: mais funkeado e diverso, como se pôde conferir no seu LP *Vítimas do Milagre* (PolyGram). De notório, nesse disco produzido por Charles Gavin, baterista dos Titãs, ficou mesmo a capa, com o desenho de um punk descobrindo utilidades sanitárias num dos mais célebres prédios projetados por Oscar Niemeyer. A banda chegou a fazer algum sucesso fora de Brasília, apresentando-se com os também brasilienses Heróis do Dia (do vocalista Marcão, ex-Burguesia Decadente).

Bom, mas faltou o Capital Inicial. Ele estreou em LP pela PolyGram, no meio de 1986, com *Capital Inicial*, disco que decepcionou alguns pelo excesso de teclados e sopros nos arranjos. De qualquer forma, ele veio avalizado pelo selinho "Proibido para menores de 18 anos" e veto da Censura à execução pública de "Veraneio Vascaína" (uma das músicas que lhe coube do espólio do Aborto. Neste mesmo disco entrariam ainda "Música Urbana", de Renato, Flávio, Fê e André Pretorius e "Fátima", só de Flávio e Renato). Outro que faria acerto de contas com o passado seria a Plebe Rude. Em seu primeiro LP, *Nunca Fomos Tão Brasileiros*, de 87, entraram uma série de músicas antigas da banda, de caráter mais punk, como "Códigos", "48" (ambas de 82), "Não Tema" (83) e "Censura" (de 84), que, ironicamente, foi censurada. Nas folgas da banda, Jander Bilaphra levaria adiante sua fixação por Jello Biafra e os Dead Kennedys com o projeto hardcore Dents Kents (com ele na bateria, Feijão, do Escola de Escândalo, na guitarra, Negrete no baixo e Fred, *roadie* da Plebe, nos vocais). E assim acaba a história da primeira geração do punk em Brasília. Ou não? Fê Lemos, que ficou por algum tempo com o caderno de letras de Renato Russo, esperava ainda em 99 a autorização da família do legionário, morto em 1996 vitimado pela Aids, para gravar as músicas inéditas do Aborto Elétrico. Pérolas escondidas pelo tempo como "Benzina", "O Que Eu Quero, "Admirável Mundo Novo" e "Anúncio de Refrigerante". Até quando esperar? Não se sabe. Os fãs da Plebe, pelo menos, não sofreram com a expectativa. Em julho de 1999, a banda, que havia encerrado atividades seis anos antes, anunciou a sua volta, com a formação original, para a realização de uma turnê nacional (que teria a exibição do raro *Ascensão e Queda de Quatro Rudes Plebeus*) e a gravação de um disco ao vivo.

Camisa de Vênus, *The early days*: rock de inspiração punk para ir contra a ditadura do axé, que perpetuava o verão em Salvador.

8.
LONGE DEMAIS DAS CAPITAIS

Mesmo que não pudessem ser consideradas cem por cento punk, duas bandas marcaram época no Rock Brasil dos anos 80 professando o ideário básico dos Pistols & cia., como uma espécie de reação à pasmaceira que havia tomado conta da MPB e ao bom-mocismo que reinava entre a maioria dos artistas do pop. Línguas ferinas, guitarras envenenadas, o Camisa de Vênus em Salvador e os Replicantes em Porto Alegre fizeram o papel de saudáveis rebeldes da turma, conseguindo (na marra) um espaço na mídia para aquelas cidades distantes do eixo hegemônico da cultura rock brasileira. Nascidas sem filiação a qualquer movimento, sem uma cena punk por trás, elas começaram gravando de forma independente e se beneficiaram de sua própria solidão para desenvolver trabalhos únicos, pioneiros, que serviram como influência para uma série de bandas — inclusive as punks. O rock brasileiro dos anos 80 certamente demoraria muito mais a perder a inocência não fossem o Camisa e os Replicantes.

Curto-Circuito no Trio Elétrico

"Nem Caetano com o show *Uns*, em cartaz no Teatro Castro Alves, conseguiu esvaziar a festa de lançamento do disco, produzido pela Soma, uma etiqueta da Sigla. Muito pelo contrário, o Circo Relâmpago recebeu um público poucas vezes visto antes, levando os seus responsáveis a pedir reforço policial algumas horas antes do show", relatava José Cerqueira, do jornal *O Globo*, em outubro de 1983, sobre a noite em que o Camisa de Vênus festejou no palco o lançamento de seu primeiro e homônimo LP. Ainda vivendo clima de alto-astral e eterno verão proporcionado por nomes como Moraes Moreira, Baby Consuelo, Gilberto Gil, Gal Costa e Pepeu Gomes, aquela cidade estava sendo abalada por uma banda de rock (gênero que começava a despontar no Rio, de forma simpática, com a Blitz), surgida aparentemente do nada, com um nome radical e uma proposta idem: a da contestação (ao invés da celebração) e dos maus modos (ao invés da típica cordialidade do povo baiano). "Salvador, a cidade do axé, a cidade do horror", cantava o vocalista Marcelo Nova, locutor da da Rádio Aratu FM, num dos maiores sucessos do Camisa de Vênus naquela época: "Controle Total".

A escalada de Marcelo, do desenhista-publicitário Robério Santana (baixo), do bancário Gustavo Mullen (guitarra), do desocupado Karl Franz Hummel (guitarra) e do músico profissional Aldo Machado (bateria) começara no fim de 1980, em shows sem muito compromisso no sítio Biriba, do tio de Robério, perto de Itapuã. A platéia era pequena, quase sempre de umas 20 a 30 pessoas, nunca mais que isso. Com muito punk rock e Raul Seixas na cabeça, o vocalista (que, aliás, nunca havia cantado antes de formar a banda) resolveu bater de frente contra aquela "reciclagem do Tropicalismo", que não deixava outra forma de expressão para a garotada criativa da cidade. "O Clash e os Pistols lutavam contra a verdade irrefutável deles, que era o rock progressivo. Nós contra a da música regional, que era sempre só aquilo", conta ele, apontando para a principal identidade que a banda tinha com o punk: a filosófica. "O surgimento do Camisa se deve à possibilidade aberta pelo punk rock de ir de encontro à verdade absoluta", diz.

Algumas lições musicais dos punks também foram aprendidas pelo Camisa. "Quando os Pistols aconteceram eu disse: 'Meu Deus! É mais fácil do que eu pensava, eu posso fazer com uma guitarra vagabunda e um amplificador barato'. Eu acho que a maior contribuição do punk foi o estímulo para tanta gente que, como eu, se sentia cerceada pela falta de grana para poder ter um equipamento condizente com o som da época. Rock n' roll são três acordes, uma guitarra e pau na máquina", dizia Marcelo em 97. De fato, o Camisa de Vênus começou a tocar com o pior equipamento possível. E o que era ruim piorou quando Karl resolveu viajar para a Europa. O resto da banda ficou esperando (já que nenhum outro músico na cidade se habilitou para o cargo) e o Camisa só pôde estrear oficialmente em março de 1982. Aquela banda com músicos de cabelos espetados e roupas escuras era um verdadeiro *alien* em Salvador. "Nós estávamos nos lixando pra estética, porque a nossa preocupação mesmo era com um novo rumo, algo que soasse diferente de tudo que estava se fazendo na música popular brasileira", conta Marcelo. Segundo ele, o que o Camisa fez foi uma adaptação do rock, "mas nunca nessa linha seriosa de Fagner, Gonzaguinha e Djavan". Era o som para tirar as pessoas da letargia do verão.

"Salvador era dividida em duas partes: a cidade baixa e a cidade alta. Nós éramos da cidade baixa, os 'cowboys do asfalto'. A garotada da alta tinha acesso a tudo que se vendia pronto, enquanto nós fabricávamos nossas coisas, íamos à luta!", lembrava Marcelo em 97, muito a propósito do que o Camisa fez naquele 1982: entrou em um pequeno estúdio de oito canais para gravar as músicas "Controle Total" e "Meu Primo Zé", que entrariam em seu compacto independente. Logo, o "primo" ("Eu tenho um primo chamado Zé / Queria ser como ele é / O orgulho da família / O predileto da mamãe") estaria tocando nas FMs de Salvador e o Camisa, apresentando-se para 20 mil pessoas no Farol da Barra. A fama que corria na cidade (com alguns elogios de Caetano Veloso) não demoraria a chegar a São Paulo, onde a gravadora Fermata se interessou pela banda e lhe ofereceu um contrato para um LP. Durante as gravações, veio a proposta para que este fosse lançado pela Som Livre. E assim foi feito. Em 1983, chegava às lojas *Camisa de Vênus*.

Chamá-lo de disco antológico é pouco. Ele começa com "Passamos por Isso", relato da história de incompreensão do Camisa. "Quiseram mudar nosso nome / Deixaram tudo arrumadinho / Nos deram até a liberdade / De tocar 'Brasileirinho'", canta Marcelo antes de desembocar no sarcástico refrão: "Vocês vão obedecer / Vocês vão entender / Vocês vão aprender / A curtir MPB". Três foram os *hits* deste LP cheio de guitarras raivosas, baterias descontroladas e vocais meio declamados, meio berrados: "Meu Primo Zé", "Bete Morreu" (pérola do sadismo que antecedeu no Rock Brasil a "Bete Balanço" do Barão Vermelho e a "Bete Frígida" da Blitz) e "O Adventista", esta com letra e som dignos de um Sex Pistols:

> *Eu acredito no Bem no Mal / Eu acredito no imposto predial / Eu acredito / Eu acredito // Eu acredito nos livros da estante / Eu acredito em Flávio Cavalcanti / Eu acredito / Eu acredito // Não vai haver amor nesse mundo nunca mais! // Eu acredito no seu ponto de vista / Eu acredito no Partido Trabalhista / Eu acredito / Eu acredito // Eu acredito em toda essa cascata / Eu acredito no beijo do papa / Eu acredito / Eu acredito // Não vai haver amor nesse mundo nunca mais! // Eu acredito em quem anda com fé / Eu acredito em Xuxa e Pelé / Eu acredito / Eu acredito // Eu acredito na escada pro sucesso / Eu acredito na ordem e no progresso / Eu acredito / Eu acredito // Não vai haver amor nesse mundo nunca mais!*

Outro destaque de *Camisa de Vênus* foi a recriação rock-cuspida de "Negue", samba de Adelino Moreira e Enzo de Almeida Passos, com o qual o Camisa começou a chamar atenção para as origens do punk na MPB. "Na verdade, eu nunca achei que a música com conteúdo é a feita

Marcelo Nova, a boca maldita do Camisa, desafiando a hipocrisia dos meios de comunicação, que chegaram a sugerir à banda que mudasse de nome para chegar ao sucesso.

no quintal de Londres", defende Marcelo. Ainda agraciado com músicas como "Dogmas Tecnofacistas", "Correndo sem Parar" e "Passatempo" (versão de "That's Entertainment", do Jam), o disco (que a banda dedicou "a ninguém") fez o seu roteiro de escândalo pela mídia brasileira. Flávio Cavalcanti, que era chegado a quebrar os lançamentos fonográficos de que não gostava em seu programa de TV, não perdoou o LP da rapaziada. "Foi muito divertido. Depois o Flávio veio e abraçou a gente. Ele não era nada daquilo", conta o vocalista, que logo se destacou no Rock Brasil por suas sarcásticas frases. A propósito de "O Adventista", ele comentou: "O amor foi como uma invenção de Walt Disney para vender figurinhas de Branca de Neve e que acabou colando. Você liga a TV e ouve um cara querendo convencê-lo de que se você comprar certo carro irá dirigir com mais amor. Aí a gente vai procurar no porta-luva pra ver se é lá dentro que está o amor". Três meses depois do lançamento de *Camisa de Vênus*, a gravadora começou a sugerir que a banda mudasse o nome para poder vendê-la melhor. (Não custa lembrar que, naquela época pré-Aids, camisa de vênus era algo próximo de um palavrão se dito na mídia ou em casas de família.) Como seus integrantes se negassem, foram cortados dos programas de rádio e TV. Então, eles pediram as contas e passaram a viver na dureza em São Paulo.

Um ano e meio depois, em 1985, surgiu no caminho a RGE, que ofereceu ao Camisa de Vênus a chance de gravar mais um LP. E eles o fizeram: *Batalhões de Estranhos*, que surpreendeu com uma das capas mais ousadas do Rock Brasil: à beira de um matagal, crianças assassinas se preparam para mais um ataque, em foto preto & branco com detalhes pintados com caneta hidrocor. A primeira música de trabalho do disco, "Eu Não Matei Joana D'Arc", pegou em cheio as paradas naquele ano e, antes do fenômeno RPM, a banda vendeu 100 mil cópias de seu disco. Em *Batalhões*, o Camisa começava a se afastar do punk, com recurso a baladas e à incorporação de alguns teclados e sopros. Resquícios do antigo Camisa estariam presentes em "Hoje" ("Não há mais festa, nem carnaval / Acho que eu fui enganado / Me diga as horas, eu vou embora / Hoje eu tô atrasado") e na retomada de "Gotham City". Marcelo Nova recorda o impacto sofrido ao ver Macalé defender a canção no festival: "Aquilo foi um *happening* absoluto, não era música como mero entretenimento". Num dos shows de *Batalhões*, no Rio, o autor dividiria a canção com seus pupilos, em acontecimento inesquecível. E, no calor dos acontecimentos, a RGE relançaria *Camisa de Vênus* com um selinho que avisava: "Incluindo 'Bete Morreu'".

Para uma banda que sempre abominou o *playback* (que outras da mesma época faziam sem o menor constrangimento), nada mais natural então que gravar um disco ao vivo. Em 86, ela inauguraria esse tipo de registro entre a nova geração do rock com *Viva*, gravado a 8 de março, no Caiçara Music Hall, em Santos (logo depois o RPM lançaria o seu *Rádio Pirata — Ao Vivo*, sempre ironizado pelo Camisa como "um disco de estúdio com palmas"). A primeira coisa que se ouve em *Viva* é o público da banda dando seu grito de guerra: "Bota pra fuder!". Todos os palavrões que faltaram nas gravações de estúdio de "O Adventista" e "Bete Morreu" entraram no disco, com outros ainda em "Silvia" e na versão de "My Way" (*d'aprés* Sid Vicious). Com *Viva* penetrando em todas as FMs de sucesso e vendendo a rodo, teve pai que arrancou os cabelos. Mas Marcelo conta que a banda não tinha em mente a apologia do palavrão pelo palavrão: "Tem mais a ver com o que Plínio Marcos fez no teatro, a ousadia de usar algo que era para ser evitado".

Para quem criou o termo "rock de bermudas" como forma de irritar algumas bandas cariocas mais amenas e recusava convites para confraternizar com seus contemporâneos de Rock Brasil ("Eu já passei dos 30, não faço parte da Jovem Guarda", dizia), os palavrões eram pouca provocação para o vocalista do Camisa de Vênus. O cenário musical em 86 voltava a ser dos mais desestimulantes. "A mídia favoreceu a moda do rock brasileiro como hoje [1999] favorece a do axé e do pagode", observa. Em 86, contratado pela gigante WEA, o Camisa lançou o LP *Correndo o Risco*, no qual resolveu abrir de vez o seu leque sonoro. "Eu ficava muito irritado com aquele rótulo de punk baiano. Então nós resolvemos mostrar o quão punk se pode ser", diz Marcelo. O resultado foi "A Ferro e Fogo", um épico de quase oito minutos, no qual a banda dispensou as guitarras e usou uma orquestra de 35 músicos. "Algo inimaginável no histórico do Camisa." No ano seguinte, a banda ousou novamente, gravando o primeiro álbum duplo de sua geração, *Duplo Sentido*. Um dos quatro lados era só de versões, entre elas, a de clássicos da MPB com espírito punk, como "Canalha" (de Walter Franco), "Aluga-se" (Raul Seixas e Cláudio Roberto), "Farinha do Desprezo" (Macalé e Capinam) e "Enigma" (Adelino Moreira). Pouco depois da façanha, o Camisa se separou.

Marcelo Nova seguiu em carreira solo, gravando com Raul Seixas no último disco do mestre antes da morte (*A Panela do Diabo*) e orgulhando-se de ter feito o primeiro *unplugged* da história, *Blackout* (1990). Voltou com o Camisa em meados da década de 90 e chamou os filhotes espirituais dos Raimundos para gravarem com a banda no disco *Quem É Você*, de

96. Depois, com a sensação do dever cumprido (ou seja, apresentar a banda para a geração Green Day), Marcelo retomou sua carreira solo com o CD *Eu Vi o Futuro, Baby, Ele É Passado*, de 99, no qual reafirmou sua fé no rock n' roll. Naquele ano, ele torcia com todas as forças por mais uma reviravolta no rock como a promovida pelos Sex Pistols: "Quando as grandes bandas de rock são o Radiohead e o Blur, algo tem que acontecer".

O Princípio do Nada

Replicantes eram os andróides do filme *Blade Runner* (1982), de Ridley Scott, programados para ter uma vida curta e que, por isso mesmo, rebelaram-se contra seus criadores. É também o nome da banda que mudou o cenário musical de Porto Alegre em meados dos anos 80, criando possibilidades onde antes não havia nenhuma. Muito ciosos de sua música tradicional, de rasqueados e muita gaita-ponto, os gaúchos nunca deram muita bola para o pop. As bandas de Porto Alegre eram poucas. De mais destaque, nos anos 60 e 70, só mesmo o Liverpool (depois Bixo da Seda) e Os Almôndegas (de onde saíram Kleiton e Kledir). Porto Alegre passou 1978 praticamente alheia ao punk. Nesse ano, encontraram-se no mesmo quartel, dividindo a triste sina, Carlos Gerbase, Wander Wildner e Pedro Santos, jovens interessados em cinema, teatro, música e arte em geral. Certa vez, de farda e tudo, Wander foi assistir numa de suas folgas a uma sessão da peça *Trate-me Leão*, do revolucionário grupo carioca Asdrúbal Trouxe o Trombone, de Regina Casé, Luís Fernando Guimarães e Evandro Mesquita. Mais tarde, era o amigo Pedro quem estaria entrando para o time do Asdrúbal. O ponto de reunião desses jovens aspirantes a artistas era o bairro boêmio do Bonfim, onde despontaram (e despontariam) nomes de destaque da música brasileira, como Elis Regina, Kleiton, Kledir, Nei Lisboa e Adriana Calcanhoto.

Os anos se passaram e, no fim de 1983, Porto Alegre se preparava para um verão tedioso — aliás, como os anteriores. "Não há nada pra fazer. A cidade é muito quente e o mar legal mais próximo é em Santa Catarina", conta Wander. Em setembro daquele ano, o futuro vocalista dos Replicantes, então radicado no Rio, estava correndo o Nordeste na equipe de iluminação do show de Alceu Valença. Quando estava em Recife, ligou para a amiga Luciana Tomasi e ficou sabendo que ela, Gerbase e os irmãos Cláudio e Heron Heinz iriam montar uma banda para tentar espanar a pasmaceira do verão que se avizinhava. Em Salvador, quando ele ligou de novo, Luciana relatou: "Os guris vão comprar amanhã os instrumentos". Eram uma guitarra e um baixo Rei, um amplificador Gianinni com três entradas e uma bateria Pinguim usada — ou seja, o equipamento mais barato possível. "O Heron ficou sabendo que o baixo tinha quatro cordas quando foi na loja comprar. Eu optei pela bateria porque era só bater...", contou Gerbase, em entrevista de 1988. Wander se animou com o projeto dos amigos: "Quando a Luciana contou, eu falei brincando: vou aí tocar com vocês".

Em dezembro, quando o trabalho com Alceu terminou, o rapaz voltou a Porto Alegre e encontrou a turma fazendo um barulho dos infernos, com cerca de seis músicas compostas. "Eles só sabiam tocar aquelas", conta Wander. "A gente queria aprender a tocar, e com as nossas músicas, porque as de outros eram muito complicadas. Se isso significava fazer uma banda direto, nós fizemos", dizia Gerbase em entrevista de 1985. O som era puro punk rock, um estilo cultivado pelos garotos graças a freqüentes audições de bandas como Sex Pistols, Clash e Vibrators. Wander, que na adolescência curtiu mais a Jovem Guarda e o folk, acordou para o punk graças ao Camisa de Vênus, que conheceu de uma fita ao vivo, gravada no show do Farol da Barra. Os baianos provavam a ele que o demolidor som inglês tinha uma tradução possível. Animado, Wander chegou nos ensaios armado de uma guitarra Veronesi e uma pouca habilidade desenvolvida ao tentar copiar os solos de violão do primeiro disco de Zé Ramalho. Deu tudo errado. Em janeiro, enquanto a banda foi aproveitar as férias em Santa Catarina, ele achou que poderia se tornar um bom vocalista para os Replicantes. Durante um mês, ficou ouvindo uma fita de ensaio e repetindo exatamente o que Gerbase cantava. E arrasou na sua primeira chance como vocalista. "Aí a coisa começou a se transformar no monstro", conta.

Em pouco tempo, os Replicantes começaram a ficar falados na cidade. Uma banda punk, que exprimia o seu repúdio pela música romântica e compusera canções como "O Futuro É Vortex", "Nicotina", "Princípio do Nada" e "One Player", tinha mesmo que causar rebuliço naquela cidade sem opções. Antes de fazer seu primeiro show, ela já estava influenciando amigos, como os jornalistas Jimi Joe e Carlos Eduardo Miranda (que na década de 90 dirigiria o selo Banguela, dos Titãs, e descobriria os Raimundos). Eles montaram o anti-punk Atahualpa I Us Pânqui (trocadilho com o nome do cantor e violonista argentino Atahualpa Yupanqui), só para fazer uma saudável e debochada concorrência. A banda estreou nos palcos em março e pouco se apresentou depois disso. Em abril, foi a vez dos Replicantes. "O primeiro show foi na festa de aniversário de um amigo nosso, o Daniel, nos fundos da casa dele. Toquei de óculos escuros de noite o tempo inteiro para as pessoas não verem que eu estava de olhos fechados", lembra Wander. O primeiro show com bilheteria foi no Ocidente, bar aberto em 1981, no bairro do Bonfim. "Pessoas detrás do balcão jogaram tomates na gente", conta o vocalista. Logo, a banda resolveu alugar um horário num estúdio de jingles de quatro canais para gravar "Nicotina" e levá-la à Ipanema FM, rádio rock de Porto Alegre que surgira poucos meses antes. "As pessoas que ouviam falavam: 'Mas o que é isso?' Era muito diferente."

Os Replicantes eram o verdadeiro *do-it-yourself* de Porto Alegre. Gerbase, a essa altura já cineasta (fez o filme *Verdes Anos* e depois se tornou roteirista da Globo junto com outro talento cinematográfico surgido daquela cena do Bonfim, Jorge Furtado, do premiado curta *Ilha das Flores*), cuidava ele próprio da divulgação da banda, junto com Luciana. Com uma acentuada visão de futuro, os Replicantes resolveram abrir o selo Vortex (nome de um bar londrino que, na noite de abertura, foi depredado por punks) para lançar o seu compacto de estréia, com as canções "Nicotina", "Surfista Calhorda", "O Futuro É Vórtex" e "Rock Star" (mais tarde montariam a Subterrânea Produções Musicais para empresariá-los). O disquinho vendeu mil cópias e depois a banda fez mais mil, algumas das quais foram distribuídas entre amigos de São Paulo e do Rio de Janeiro. Logo a banda estaria sendo convidada para participar, ainda em 84, da coletânea *Rock Garagem*, da gravadora gaúcha Acit. Neste LP, que reunia nomes do heavy metal local (de nomes sugestivos como Astaroth, Valhala e Leviaethan), entraram também bandas de new wave, como Fluxo e Urubu Rei. Estas duas dariam integrantes para a formação do Defalla, uma das mais importantes bandas do Rock Brasil, graças ao espírito inquieto do maluquete Edu K — um sujeito que cantava as maiores perversões sexuais em inglês, triturava funk, hip hop, thrash metal e experimentalismos mil na sua coqueteleira e que, em 1992, quando teve a oportunidade de se apresentar com a banda no festival Hollywood Rock, entrou no palco só com uma meia a lhe tapar as vergonhas. Mas, de longe, o artista mais estranho do pacote eram os Replicantes, que entraram com "Princípio do Nada", um recado aos vizinhos do local onde ensaiavam. ("Nós só vamos parar / Quando o mundo acabar / Quando a bomba explodir / Quando o sangue jorrar").

Foi outra música, porém, que estourou os Replicantes em Porto Alegre (e depois no Brasil): "Surfista Calhorda". "Réqui na caranga muito louca pra dar banda / Cheque na carteira recheada de paranga / Prancha importada assombrando a meninada / Corpo de atleta e rosto de baby John-

O que começou como uma brincadeira de férias para Cláudio, Heron, Carlos e Wander tornou-se o começo do punk em Porto Alegre. Eram os Replicantes.

son / É, mas quando entra n'água / É, na primeira braçada / É, ele não vale uma naba / Ele não surfa nada / Ele não surfa nada / Tem duas surf shops que só abrem ao meio-dia / Vive da herança milionária de uma tia / Vai pra Nova York estudar advocacia", cantava Wander antes de explodir no refrão: "Ó surfista calhorda / Vai surfar noutra borda!". Em 88, Gerbase tentou explicar o segredo do sucesso do "Surfista": "Na época havia uma verdadeira febre de surf por aqui — mais de cem surf shops. Quando a música surgiu, aconteceram duas coisas: os surfistas mesmo acharam legal, porque falava dos calhordas que atrapalhavam eles. Os calhordas jamais se consideram calhordas, então esses não ficaram bravos... E quem não faz surfe e considera todos os surfistas calhordas também gostou. É o tipo de letra que não briga com ninguém, mas fala mal de todo mundo". Lançada em 85 na coletânea *Rock Grande do Sul* (da RCA), da qual participaram outras bandas de Porto Alegre, como Engenheiros do Hawaii, Defalla, TNT e Garotos da Rua, o *hit* dos Replicantes inaugurou o som punk brasileiro nas FMs de todo o país.

Aquela banda punk cada vez mais popular foi ajudando a montar em Porto Alegre todo um circuito de rock alternativo: "Fomos criando esse mercado e o resto do país nem está sabendo disso", disse Carlos Gerbase em 88. Engenheiros, Defalla, TNT, Fanzine, Atahualpa I Us Pânqui, Pupilas Dilatadas, Atraque, Prisão de Ventre e A Peste foram todas bandas que começaram a se movimentar com mais desenvoltura depois que os Replicantes abriram as portas. Em 85, quando se realizou na cidade o Festival Rock Unificado, Wander e sua turma eram líderes incontestes daquele movimento. Com todo esse cartaz, as grandes gravadoras, no Sudeste, logo começaram a se interessar pelos Replicantes.

Em setembro, a banda se preparava para gravar um LP pelo selo Vortex, quando, numa festa de gravadora, Wander ficou sabendo que a RCA queria contratá-la. O próprio diretor artístico, Guti, foi a Porto Alegre conversar com os Replicantes. Ele mostrou o contrato-padrão e a banda não aceitou, porque, entre outros pontos, queriam ter direito a fazer e comercializar seus próprios vídeos — no ano seguinte, lançariam o longa *Os Replicantes em Vórtex*, com trechos de shows e dois videoclipes, que terminou por ser o primeiro vídeo de um grupo nacional que trazia o selo Embrafilme. Guti voltou a São Paulo e trouxe de lá um contrato definitivo, assinado pela banda. Com a produção de Luiz Carlos Malluly (guitarrista, nos anos 70, da banda de rock-samba Lee Jackson), os Replicantes gravaram em Sampa o LP *O Futuro É Vortex*, lançado em fevereiro de 86. Foram os primeiros gaúchos daquela geração a chegar a uma grande gravadora. "Eles pagaram para que a gente fizesse o que ia fazer lá em Porto Alegre. Nós não sabíamos gravar e nem eles jamais tinham gravado punk. O que a gente fez foi montar tudo e tocar", conta Wander.

Foi literalmente uma pedrada nas vitrines da música popular brasileira. Com uma execução pra lá de imperfeita (a banda não fazia questão de esconder seu amadorismo) e letras provocadoras, sem meios termos, os Replicantes exorcizavam décadas de repressão e de música brasileira tediosa e metafórica. "Nós não gostávamos do governo, da sociedade e dos militares. A música era a forma de botar a coisa berrada pra fora, coisas guardadas", conta Wander. Em "Porque Não", que encerra o disco (e teve sua execução pública proibida pela Censura junto com a de "Mulher Enrustida" e "Choque"), a banda foi de uma demolidora sinceridade ao analisar o panorama da música brasileira:

> *Me disseram que sem lenço / Era a grande solução / Joguei fora os documentos / E acabei no camburão // Não porque não / Não porque não / Não porque não / Não // Não porque não / Não porque não / Não porque não / Não // Os baianos nos contaram / Que o amor tinha futuro / Quis transar com uma mina / Que mordeu o meu pau duro // Não porque não / Não porque não / Não porque não / Não // Não porque não / Não porque não / Não porque não / Não // Agora eu sei qual é a deles / Já peguei no pé do Gil / Eu quero que o Caetano / (...) // Não porque não / Não porque não / Não porque não / Não // Não porque não / Não porque não / Não porque não / Não // O Gismonti é um chato / Tô cansado de saber / Que o Chico era um velho / Mesmo antes de nascer*

O trechinho com reticências (que todos podem imaginar o que diz) foi limado da gravação, ao que acredita Wander, a pedido de uma senhora que datilografava as letras e cujo filho era músico da banda do cantor baiano. Para ela e para os outros que queriam calar os Replicantes, eles dedicaram ainda nesse disco a música "Censor" ("Eu quero a cabeça do censor!"). Puxado por "Surfista Calhorda" e "A Verdadeira Corrida Espacial" ("Enquanto o Terceiro Mundo/ Espera o juízo final/ Eu quero uma vaga no ônibus/ Da corrida espacial"), *O Futuro É Vortex* vendeu cerca de 20 mil cópias e pôs os Replicantes no meio da roda viva de shows pelo país. Decididamente, estava-se diante de uma das bandas mais singulares daquela levada de grandes vendedores de disco do Rock Brasil — tocava no limite de sua falta de técnica, recusava-se a bisar as músicas e procurava falar o menos possível nos intervalos. "O que nos interessa é tocar cada vez mais rápido, fazer um show com 50 músicas em duas horas", dizia Heron Heinz em 85.

No ano seguinte, os Replicantes voltariam com o LP *Histórias de Sexo e Violência*. A música de trabalho deveria ser "Astronauta", uma evolução do modelo hardcore inicial (a letra de Gerbase é um belo lamento *sci-fi* romântico). A gravadora, porém, escolheu a bem-humorada "Festa Punk" ("Quero uma festa que não tenha Stones / Gosto muito deles mas quero os Ramones / Quero uma festa que não tenha Beatles / Se é pra recordar prefiro Sex Pistols"), que ganhou vídeo antológico (os Replicantes tocando na sacada de um prédio e jogando lá de cima os policiais que chegavam para acabar com a bagunça). Para variar um pouco, "Adúltera" ("Você, mulher solteira, só pensa em casar / Ter um pênis só pra si e constituir um lar / De dia lava louça e de noite quer trepar / Mas seu homem está cansado de tanto trabalhar") teve sua letra censurada. De resto, o LP trouxe uma pérola do sadismo que é "Histórias de Sexo e Violência" ("Jack estripava / Chuck estuprava / Trabalhavam em dupla / Mas se detestavam"), a velha "Nicotina" e "Chernobil". Luciana Tomasi participou tocando um teclado cheio de efeito flanger, no qual colava adesivos para saber quais notas deveria tocar. Já nos shows daquela época (que começavam a ser divididos com bandas punk como os Garotos Podres e o Cólera), Wander exercitava seu sarcasmo anunciando: "Boa noite, nós somos o Lulu Santos". Era uma festa só.

Em 88, os Replicantes lançariam o seu último LP com Wander: *Papel de Mau*. Durante as gravações, problemas. O vocalista, que nunca se ligou em assuntos de estúdio, criou o maior caso quando descobriu o *noise gate* que o produtor Reinaldo B. Brito usava na mixagem para corrigir alguns erros de execução, deixando o som menos potente. Wander também começava a ficar enjoado de ser o vocalista da banda (cantou em apenas quatro faixas, deixando o resto do serviço para Gerbase) e começou a tocar guitarra. Após o lançamento do disco, deixou os Replicantes. "Tudo começou como uma brincadeira, foi crescendo e virou uma banda de rock conhecida no Brasil inteiro. Chegou a um ponto em que a gente se via o dia inteiro. Isso desgastou a relação", conta. O racha, na verdade, deu-se pela seguinte razão: Wander queria viver a vida na estrada, e os seus companheiros de banda, com atividades paralelas, queriam continuar no mesmo esquema diletante dos primeiros dias. O vocalista caiu na estrada como diretor de palco da banda gaúcha Nenhum de Nós, mas continuou montando seus projetos musicais: Sangue Sujo (punk), Máquina Melequenta e Los Encarnados e Kadafi (punk meio Oi!). Em 1997, ele voltou ao disco com o solo *Baladas Sangrentas*, dedicado a suas composições punk-bregas, como "Eu Tenho Uma Camiseta Escrita Eu Te Amo" e "Bebendo Vinho". Em 99, Wander preparava outro disco, no qual prometia se aprofundar nessa linha.

Os Replicantes, porém, seguiram adiante com Gerbase no vocal e Kléber (da banda punk portoalegrense Cobaias) na bateria, apresentando-se esporadicamente na capital e em cidades do interior do Rio Grande do Sul. Nesse esquema mais confortável, gravaram um disco ao vivo (que até abril de 99, quando enfim saiu uma coletânea dos três discos pela BMG, era o único CD da banda) e continuaram com seus respectivos trabalhos. Heron é programador de computadores, Cláudio é do núcleo cultural da prefeitura de Porto Alegre e Carlos Gerbase tem a produtora Casa do Cinema, que faz a campanha televisiva do PT e alguns filmes. Para Wander, o espírito punk não abandonou os que passaram pelos Replicantes: "O que cada um está fazendo em sua área é legal". Ele tem uma opinião que pode até desagradar a alguns punks (que no fim dos 90, aliás, eram vários em Porto Alegre, reunidos no Bonfim), mas que exprime claramente a mecânica dos modos de vida alternativos no século XX: "O hippie era o punk dos anos 60 e 70. Muda o mundo, mas é a mesma coisa, seja com os beatniks nos anos 50, ou com o pessoal do jazz e do blues".

9.
CINZAS QUE QUEIMAM — SP, SEGUNDA GERAÇÃO

Com o desmantelamento do movimento punk em São Paulo a partir de 1984, aqueles garotos do subúrbio que haviam experimentado a dor e a delícia de estar em evidência se viram na contingência de refazer seus planos. Houve quem, como Ariel, optasse por voltar a seus bairros de origem e, pacientemente, tentar recompor o que tinha sido perdido nas brigas com os punks do ABC (e havia também na época as "tretas" com os heavies, que uniam as duas facções em seu ódio). Foi um trabalho duro. Só em 88 o ex-vocalista dos Inocentes voltaria a ter uma banda: os Invasores de Cérebros, que passaram os 90 militando ativamente no underground (mas isso aí já é outro capítulo). Outros, porém, resolveram deixar a ortodoxia de lado e investir em novas sonoridades, novos projetos, novas idéias — mas sempre preservando o espírito punk. E aquela rapaziada tinha muito o que mostrar e dizer. O resultado é que, em 85, o placar começou a virar: o punk voltou a ser palavra corrente na mídia. Houve o lado negativo: mais uma vez, uma novela global, *Um Sonho a Mais*, incluía um deles (também de estimação) entre os personagens. Mas, por outro lado, um punhado de bandas nascidas daquele caldo de rebeldia dos subúrbios e do ABC começou a empurrar a imagem e (principalmente) a atitude punk goela abaixo do Rock Brasil, que estava em plena crista da onda, com as gravadoras contratando qualquer um que empunhasse uma guitarra e tivesse cabelo arrepiado.

Ainda em 84, a cidade de São Paulo viveu o curioso fenômeno dos "punks de boutique" (como se outra coisa fosse a Sex de Malcolm McLaren!). No Centro, quem andasse com coturno, casaco de couro, pulseira de taxas e calças rasgadas sempre tomava dura da polícia. Já nos Jardins a história era outra, com um bando de animados e irrepreensíveis jovens bem nascidos vestindo-se da mesma forma, só que em lojas transadas como a Varukers e a Exploited. O interesse pelo punk aumentou em algumas danceterias, como a Via Brasil, e surgiram bandas punk formadas por universitários e garotos de boa situação econômica — caso do Lobotomia. E bandas de fora do movimento também começaram a se aproveitar de algumas idéias punk para se diferenciar daquela *wave* que tomava conta do cenário comercial. A mais famosa, a Mercenárias, só de mulheres, estreou em disco em 86, com *Cadê as Armas*. O som tendia para o pós-punk do Gang of Four, mas a poética e o assunto das letras cuspidas pela vocalista Rosália Munhoz não escondiam a sua inspiração: "A polícia vem / a polícia vai / A polícia vem / A polícia vai / Pelas ruas da cidade / A polícia vai / Pelas ruas da cidade / A polícia vai / Pelas ruas do subúrbio / A polícia vai / A toda velocidade / Vai atrás do assaltante / Vai pedir seus documentos" ("Polícia"). Logo, os Titãs também estariam se valendo da temática para promover uma chacoalhada no cenário com o disco *Cabeça Dinossauro*.

Esse caminho das Mercenárias, porém, tinha duas mãos. Alguns punks que se aproximaram do rock e ganharam alguma sofisticação estética (mas sem abdicar de suas mensagens) conseguiram alguns bons resultados a partir de 85, caso do Inocentes (que veremos a seguir) e do 365, formado por Mingau (ex-Ratos de Porão), Miro (ex-Lixomania) e Ari (ex-Fogo Cruzado). Estes últimos chegaram a ser contratados pela Continental por causa de seu *combat rock*, de canções como "São Paulo" (que começa numa levada tipicamente jovem guarda) e "Grandola — Vila Morena" (hino da Revolução dos Cravos, em Portugal). Para os que permaneciam mais aferrados ao som punk, o ano também não deixou de ser bom. O selo Estúdios Vermelhos, de Redson, virou Ataque Frontal e começou lançando o primeiro LP do Cólera: *Tente Mudar o Amanhã*. Num dos shows de lançamento do disco, no Lira Paulistana, que havia reaberto o espaço para os punks, a banda aproveitou para gravar junto com os Ratos de Porão (que ajudaram a lotar o espaço, contra todas as expectativas) o disco *Ao Vivo na Lira Paulistana 17.03.85*. Fábio, do Olho Seco, também não perdeu tempo após o fechamento da loja Punk Rock e montou a New Face Records. Por ela, reeditou em 85 o compacto da sua banda (num LP que contou também com faixas da Brigada do Ódio, banda do ABC). Ainda naquele ano, o selo-tablóide Rocker, de São Caetano, lançou o primeiro LP dos Garotos Podres, *Mais Podres Do Que Nunca*. Lojas como a Wop Bop e a Baratos Afins escoavam esses discos.

Foi naquele mesmo ano que o punk brasileiro se convenceu de que não precisava passar a vida inteira dando murro em ponta de faca no Brasil: o exterior descobriu de vez nossas bandas, incluindo mais músicas suas em coletâneas, que nem sempre chegavam por aqui ou rendiam fortuna aos autores, mas faziam bonito no currículo e abriam o caminho para futuras turnês. A *Welcome to 1984*, da *Maximum RocknRoll* trouxe "Nada", do Olho Seco. A *World Class Punks: 25 Countries, 27 Bands* (do americano Roir) deu chance aos Ratos de Porão. Já o Cólera teve músicas nos discos *Empty Skulls* (editado na Califórnia), *Bunker* (da Alemanha) e *Beating the Meat*, do selo inglês XNT.

Com todas essas boas notícias, houve quem apostasse que 86 seria, mais do que 82, o ano do punk em São Paulo. De fato, naquele ano, o Ataque Frontal lançou *Ataque Sonoro*, coletânea com dez bandas de destaque do cenário brasileiro, cada uma com duas faixas: Cólera, Ratos de Porão, Lobotomia, Vírus 27 e Armagedom (de SP), Garotos Podres e Grinders (do ABC), Auschwitz, Desordeiros e Espermogramix (do Rio). A New Face, por sua vez, reeeditou *Grito Suburbano* e ainda pôs no mercado brasileiro uma coletânea de punks suecos (*Afflicted Cries in the Darkness of War*, com Anti-Cimex, Crude SS, Fear of War), LPs dos rapidíssimos finlandeses do Rattus e Terveet Kadet e outros dos ingleses hardcore do English Dogs e Varukers. Vivia-se então a promessa da vinda dos Dead Kennedys ao Brasil, trazidos pelo Ataque Frontal (o vocalista Jello Biafra sempre elogiou as bandas brasileiras por terem feito o punk acontecer num regime militar). Por uma incrível falta de sorte, o DK vivia nessa época as convulsões que levariam ao fim da banda. Em janeiro de 87, quem veio a São Paulo foram os Ramones. Um dos seus shows, no entanto, foi tumultuado pela briga entre punks e carecas — uma constante nas apresentações seguintes da banda no país, principalmente no Rio, em 1992.

Mas não foi nem por isso que muitos consideraram 1986 o ano do punk no Brasil. Há que se lembrar de um punhado de discos lançados então. Se, no ano anterior, *Mais Podres Do Que Nunca* havia sido um marco para o punk brasileiro, três outros iriam disputar as atenções da mídia naquele ano, por razões absolutamente diversas: *Descanse em Paz* (Ratos de Porão), *Pânico em SP* (Inocentes) e *Pela Paz em Todo Mundo* (Cólera). Com o dos Garotos, completa-se o painel de quatro discos de quatro bandas que iriam fazer a história do rock brasileiro muito, mas muito diferente do que a indústria poderia ter imaginado.

Ratos de Porão: Indigesta Feijoada *For Export*

Depois do lançamento de *Crucificados pelo Sistema*, os Ratos de Porão perderam João Gordo, que ficou desestimulado com a banda. Ele voltaria, brevemente, para o show da Lira Paulistana, em 85. No intervalo, ele começou a ouvir muito heavy metal. O mesmo fizeram Jão (que passou para a guitarra) e Jabá. Logo, os Ratos arrumaram um baterista, Spaghetti (Nelson Onófio Evangelista Júnior), cabeludo, que também curtia aquele gênero maldito para os punks. Depois de um papo no Carbo-

Pica-Pau, Jão, Bôka e João Gordo: a formação dos Ratos de Porão que gravaria no fim dos anos 90 os discos *Feijoada Acidente?* e *Carniceria Tropical.*

no 14, em que ficou sabendo da nova orientação da banda, João resolveu voltar. Ensaios e ensaios no velho galpão da Vila João e em pouco tempo estariam gravando *Descanse em Paz*, para a Baratos Afins, de Luiz Calanca (que gravaria também boa parte do *under* paulistano — Smack, Voluntários da Pátria, Mercenárias e Akira S e as Garotas que Erraram). Em entrevista de 86, João dizia que os Ratos tinham aderido ao *trashababa*, ou seja, "hardcore feito por bêbados".

O som era de uma barulheira dos infernos, algo como um caminhão carregado despencando por uma ribanceira, com abuso de distorção numa guitarra Giannini das mais baratas. De qualquer forma, o resultado lembra muito mais o heavy metal (com uns solinhos de guitarra) do que o punk, em faixas como "Juventude Perdida", "No Junk" (contra as drogas injetáveis) "Velhos Decrepitus" (para o prefeito Jânio Quadros) e "Cérebros Atômicos". Para embalar o pacote, a capa trazia a foto de uma mulher que tinha sido morta em Belford Roxo, no Rio de Janeiro, porque tentava roubar galinhas. Os que acusavam os Ratos de traidores (a tal ponto que Gordo mais tarde faria uma música chamada "Traidor") tiveram munição de sobra para o ataque. A banda contra-atacaria em carta enviada ainda em 86 à revista *Bizz*:

> "Nunca entenderemos alguns punks que, com sua alienação e seu fanatismo, não sabem o que pensam e nem por que agem de forma tão estúpida. O grande problema é que estão nos chamando de traidores do movimento e dizendo que viramos heavies, sem saber o que pensamos ou, ao menos, ouvirem nosso som.
>
> *Primeiro*: nós odiamos a ideologia heavy, repleta de babaquices satânicas e que, sendo muito mística, mostra que eles não têm coragem de ver a realidade do jeito que é.
>
> *Segundo*: estamos fazendo uma derivação do hardcore chamada thrash, um som mais rápido, sujo e agressivo, não tendo nada a ver com heavy metal.
>
> *Terceiro*: Visual não é sinal de ideologia. Os Ramones são cabeludos e adorados até hoje. Bandas Oi! como Cockney Rejects, Infra-Riot e Last Resort têm como banda predileta o Motörhead. Afinal, tudo é rock.
>
> Para finalizar, somos punks de cabeça e coração, muito mais que certos tipos que se fantasiam à noite para impressionar as menininhas. Não temos compromissos com ninguém, tocamos

para qualquer tipo de público que se considere neurótico, psicopata e com o saco cheio da vida. Qualquer dúvida, comprem o disco e ouçam."

Ainda em 86, numa visita a Belo Horizonte, João Gordo acabou ficando amigo dos irmãos Max e Igor Cavalera, respectivamente guitarrista/vocalista e baterista da banda de death metal Sepultura. Apesar de estarem em campos opostos, eles se descobriram na afinidade pelo som podreira — Max, aliás, sempre reconheceu a influência punk dos Ratos no som do Sepultura. Por iniciativa do Gordo, as duas bandas protagonizaram, no Mambembe, em São Paulo, um dos primeiros (e mais conturbados) shows de *crossover* (união entre punk e metal) da cidade. Os carecas do subúrbio não gostaram nada. E gostariam menos ainda quando os Ratos gravaram, em Belo Horizonte, pelo selo Cogumelo (o mesmo do Sepultura), o disco *Cada Dia Mais Sujo e Agressivo*, lançado em 87. Mais solos, mais riffs de metal, um certo apuro técnico e cabelos que começavam a crescer afastaram a banda definitivamente do convívio dos punks castiços e abriram as portas de um mercado roqueiro mais amplo. "Plano Furado", "Morte e Desespero", "Crise Geral" e "Sentir Ódio e Nada Mais" são as músicas mais conhecidas deste disco, que apresentou os Ratos a muita gente boa. Por insistência da gravadora, o disco teve uma versão em inglês. Idéia que Gordo, pouco versado na língua de Shakespeare, abominava, mas acabou aceitando a duras penas. "Eu falava *giril* para *girl*", dizia ele.

O esforço, porém, valeu a pena. Em 89, na cola do Sepultura, eles foram contratados pela gravadora holandesa Roadrunner, que propôs que fizessem o disco em Berlim — nunca a uma banda punk brasileira havia sido oferecida essa deferência de gravar no exterior. João Gordo teve que pegar um avião pela primeira vez na vida. Os Ratos desembarcaram em Amsterdã e ficaram hospedados em *squats*. Depois, foram para Berlim, onde gravaram no Music Lab (casa de bandas thrash como Voivod, Sodom e Helloween) com o produtor Harris Johns. Lá nasceu o melhor disco da banda, *Brasil*, de clássicos como "Vida Animal", "Aids", "Pop Repressão", "Traidor", "Amazônia Nunca Mais" e "Porcos Sanguinários". Letras fortes, riffs inesquecíveis, som definitivamente thrash, Gordo enfim no ponto certo de sua agressividade e até um certo virtuosismo de Jão — tudo isso contribuiu para tornar *Brasil* um sucesso entre o público roqueiro no Brasil e o Ratos uma das bandas mais sólidas do alternativo. Detalhe: na versão do disco para o exterior, Johns teve que recorrer à colagem de sílabas para que o inglês do vocalista ficasse compreensível.

Terminadas as gravações, a banda aproveitou a estadia para fazer shows no circuito *under* da Itália (onde esbarrou com ex-integrantes das Brigadas Vermelhas) e da Holanda.

No ano seguinte, os Ratos estariam de volta a Berlim para gravar o seu quinto álbum, *Anarkophobia*. Com mais tempo para gastar em estúdio, o disco acabou saindo mais lento e com um som excessivamente polido, como os das bandas de metal que tradicionalmente gravavam no Music Lab. Apesar da pouca energia, o LP tem músicas que se sustentaram, como "Mad Society" (que não teve original em português), "Sofrer" e "Ascensão e Queda", esta sobre a derrocada do Rock Brasil, que, naquela época, enfrentava um de seus piores momentos comerciais (os Ratos, à parte da indústria, passaram incólumes por aquela crise). Daquela vez, a banda fez uma excursão maior, passando pela Alemanha, Dinamarca, Itália e Suíça. Foram 26 shows, alguns divididos com bandas de importância do punk, como o Fugazi e o Extreme Noise Terror. Hostilizado por João Gordo, Spaghetti saiu logo depois da volta ao Brasil, sendo substituído por Bôka (Maurício Alves Fernandes). Ao completar 10 anos de existência, em 1991, os Ratos de Porão estavam a um passo de virar celebridades pop. João dava entrevistas até para as páginas amarelas da *Veja*, e a banda foi acolhida até no programa *Viva a Noite*, de Gugu Liberato (sem o baterista, que se recusou a compactuar com a *infâmia*). Naquele ano, os Ratos tocariam de novo na Alemanha e na Holanda e no ano seguinte debutariam em palcos portugueses.

Em abril de 92, a consagração no mainstream. A banda foi capa da revista *Bizz*, que começava a reportagem apresentando as credenciais: "Venderam tantos discos quanto os Titãs (que na época estavam curtindo as baixas vendagens do seu disco *grunge*, o *Titanomaquia*). Gravam no exterior, excursionam pela Europa todo ano". E aí, a ressalva: "Mas dinheiro que é bom, nada". Mesmo super bem-sucedidos no mercado alternativo, os Ratos ainda assim eram uma banda alternativa. "[O dinheiro] dá pra comprar CD, um sandubinha aqui, uma marolinha acolá e já miou. Só dá pra sustentar os vícios", contava Gordo. Presente em vários lugares do Brasil, de Norte a Sul, os Ratos fizeram dois shows — em 21 e 22 de fevereiro de 1992 — no Brittania, em São Paulo, para gravar seu segundo disco ao vivo (o primeiro só deles): *RDP Vivo*. Apesar da boa performance, a banda passava por uma crise, já que Jão e Jabá tinham começado a se envolver com o crack. Só Jão teve forças para largar o vício, de forma que os Ratos tiveram que recrutar o baixista Walter para as gravações do disco seguinte.

Para fazer *Just Another Crime in Massacreland*, lançado só em 1994, os músicos optaram por estúdios brasileiros e trouxeram dos EUA para produzir o disco o guitarrista do Fudge Tunnel, Alex Newport. Novamente, a banda pecou por querer fazer um trabalho mais voltado para o exterior, com apenas uma música em português ("Suposicollor", para o presidente deposto, acusado, entre outras coisas, de ter consumido cocaína por vias nada convencionais). A lembrar que se tratava de uma banda brasileira, só a capa, que alertava para a exploração criminosa da infância em São Paulo. No ano seguinte, com Pica-Pau no lugar de Walter, os Ratos lançaram os dois volumes do *Feijoada Acidente?*, um só com versões de clássicos (em seleção muito pessoal) do punk rock brasileiro (músicas do AI-5, Restos de Nada, Olho Seco, Ratos, Psykóze, Inocentes, Garotos Podres) e internacional (Minor Threat, Rattus, Vibrators, G.B.H., Dead Kennedys). Cada vez mais bonachão, João Gordo acabou recebendo um convite para ser apresentador da MTV Brasil. Feito um Fausto Silva mais desbocado e gordo, ele começou no programa de jogos eletrônicos *Garganta e Torcicolo*. Depois, em 97, ganhou o anárquico *Gordo Pop Show*, em que falava mal dos videoclipes, dava conselhos nada edificantes para os telespectadores adolescentes e desfilava sua vasta cultura *thrash* de filmes de terror e desenhos animados japoneses. Antes disso, porém, João passou uma temporada num spa para perder alguns quilos...

Naquele mesmo ano, ele ainda achou tempo para gravar *Carniceria Tropical*, o disco mais podreira dos Ratos desde *Descanse em Paz* e o primeiro depois do fim do contrato com a Roadrunner. Com produção do americano Billy Anderson, especializado em hardcore, João chegou ao ponto de gravar os vocais com a boca cheia de bolo Pullman — como nos primeiros discos da banda, não fosse o encarte jamais se entenderiam as letras. Cada vez mais diletante em sua atividade (em 97, todos os integrantes tinham outros empregos, já que a banda não tinha jeito mesmo de dar dinheiro), os Ratos aproveitavam as turnês mais para fazer turismo do que para outra coisa. Reforçaram sua posição nos palcos da Argentina e seguiram se apresentando por onde havia espaço no Brasil. Em 99, João continuava com seu programa na MTV e a banda seguia com seus shows, preparando-se para regravar as músicas do álbum *Crucificados pelo Sistema*, que completava 15 anos.

Dada a incompreensibilidade de seus vocais nas músicas, a TV e a imprensa foram os palanques do Gordo no fim dos anos 90. Em entrevista de 97, ele resumia a questão central de todos os 16 anos de sobrevivência dos Ratos de Porão — tempo que passou inteirinho sem ter se submetido uma vez sequer a uma grande gravadora: "Rock, juventude, hardcore, heavy metal vão existir para sempre! Nunca vai acabar, e já tá durando mais de 20 anos e não acabou ainda". Em 98, como que a confirmar suas palavras, os Ratos foram homenageados com o disco *Traidô* (Silvia Music), no qual 20 bandas da nova (e velha) geração tocaram suas músicas, entre elas Gangrena Gasosa (de saravá metal), Poindexter, Anões de Jardim, Muzzarelas e até o Kid Vinil e Verminose.

Inocentes: Roqueiros Até Morrer

Sempre em busca de um emprego, Clemente trabalhou como porteiro do Napalm. Lá, assistiu a shows de bandas da cena rock alternativa brasileira de 1983: Mercenárias, Titãs, Plebe Rude, Legião Urbana... Havia algo além do punk, ele começava a perceber. Ou seja, todo um novo caminho musical que os Inocentes, com toda a sua história imaculada, não fariam nenhum mal em trilhar. A mensagem e sua contundência continuariam as mesmas — o som é que passaria a ter uma construção musical mais elaborada. Depois de alguns shows dessa nova fase (com Paulo Barnabé, irmão do "dodecafônico" Arrigo e líder da Patife Band, no baixo), Clemente começou a achar que era a hora de investir num disco. Com a volta do ex-guitarrista Ronaldo para assumir o baixo, a banda gravou em 85 uma fita demo caprichada, em oito canais, para negociar com o Ataque Frontal. Só que a produção ficou cara demais e o selo não quis assumir as dívidas com o estúdio. Com a banda na maior inadimplência e o Lira Paulistana sendo fechado por Jânio Quadros, em 86 o baterista Tonhão tirou a sorte grande ao conhecer Branco Mello, um dos cantores dos Titãs (com o sucesso na época do disco *Televisão*), que se dispôs a mostrar a fita dos Inocentes em sua gravadora, a Warner. Quando tudo mais parecia perdido, eis que ela os convida a gravar um mini-LP, com produção de Branco e Peninha Schmidt. "Para aqueles punks, foi a assinatura do atestado de traidor do punk brasileiro", conta Clemente.

Não foi isso o que pareceu ao grande público quando *Pânico em SP* chegou enfim às lojas. Na capa estão Clemente, Tonhão, Ronaldo e André (que assumiu o baixo no meio das gravações, pois estava no Exército) ostentando o mais tradicional visual punk, andando por entre os pilares de um prédio abandonado. Na contracapa, as letras de novas e velhas canções — "Pânico em SP" (do *Grito Suburbano*), "El Salvador" (a mesma "Salvem El Salvador", de *O Começo do Fim do Mundo*) — estão reproduzidas naquele formato de colagem dos Pistols. O logotipo com a cruz rachada também aparecia no cantinho. Com uma potência e uma clareza sonora nunca antes vistas por aqui, canções como "Não Acordem a

Os Inocentes, versão 1999: Anselmo, Clemente, Ronaldo e Nonô, posando para as fotos do encarte do disco *Embalado a Vácuo*.

Cidade" e "Ele Disse Não" promoveram uma revolução conceitual naquele Rock Brasil. Tudo teria sido perfeito para os Inocentes... se os Titãs não tivessem aparecido na mesma época, com o disco *Cabeça Dinossauro* e as canções "Polícia", "Igreja" e "Porrada". Clemente, que havia apresentado a Branco Mello alguns sons punk, se sentiu um tanto traído com o conteúdo desse disco, que acabou por fazer deslanchar a carreira do então octeto paulistano e ajudou a abrir ainda mais espaço nas FMs para o rock agressivo e desbocado. "Depois eles viraram a banda punk do Brasil. Mas a gente já tinha 'Polícia' em 1982!", reclama, admitindo porém que são mágoas passadas.

Em defesa dos Titãs, há que se admitir: no *Televisão*, de 85, já havia a punk "Massacre". Mas a imprensa cobrou da banda uma retratação por *Cabeça*, já que mesmo as Mercenárias já tinham músicas como "Polícia" e "Santa Igreja" antes daquele disco. Em entrevista de 1989, questionados sobre as coincidências, os Titãs revidaram:

> "As Mercenárias não foram as primeiras a fazer música sobre polícia." (Marcelo Fromer)
>
> "Se você fizer uma música de amor, sobre a namorada que te abandonou, ninguém fica dizendo que isso já foi feito antes." (Tony Bellotto)
>
> "Quer coisa mais legítima? O Bellotto fez a música depois de ter sido preso. A polícia se meteu na vida dele..." (Branco Mello)
>
> "Há uma diferença brutal entre o que nós fizemos e o que as Mercenárias e os Inocentes fizeram. Qual é a referência? Só porque é agressivo? Só porque tem o dado do punk? Mas o rock n' roll passou pelo punk. Nós temos uma leitura de vários elementos. Deveria ser levado em conta que 'Família' é um reggae, 'O Que', um funk..." (Arnaldo Antunes)
>
> "Durante o punk, existiam tais temáticas em maior quantidade porque o punk comenta a sociedade de uma forma crítica. Quer dizer, isso é uma coincidência que aconteceu a nível mundial. Não se restringe a São Paulo, àquelas bandas ou à gente..." (Sérgio Britto)

Bola para a frente. Em 1987, os Inocentes tinham um outro petardo pronto: *Adeus Carne*, seu primeiro LP, em cuja capa eles apareciam sérios, ameaçadores, com todo o visual punk. Trata-se, para Clemente, de um disco mais conceitual, talvez o melhor que a banda gravou em sua carreira. Todas as canções são fortemente contestatórias, seja as que ele escreveu sozinho, como "Pátria Amada" ("Pátria amada, de quem é você afinal / É do povo nas ruas ou do Congresso Nacional? / Pátria Amada, idolatrada / Salve, salve-se quem puder") e "Tambores", ou "Eu", que é um poema de Maiakóvski musicado por ele, ou a velha "Pesadelo" (de Maurício Tapajós e Paulo César Pinheiro), clássico da música de protesto dos tempos negros da ditadura, adaptado para o registro roqueiro. O disco termina, porém, com batucada e cavaquinho na instrumental "Adeus Carne". Na época, Clemente recusava que os Inocentes fossem chamados simplesmente de roqueiros: "É foda assumir o rótulo de rock, porque o pop está com rótulo de rock". Tentando viver só de música, a banda embarcou em 89 em seu terceiro disco pela gravadora, *Inocentes*, produzido por Roberto Frejat, guitarrista do Barão Vermelho.

"Era o disco derradeiro", lembra Clemente. "Ou 50 mil cópias vendidas, ou rua." Mesmo com uma regravação de "Garotos do Subúrbio" e músicas que iam bem além do punk, como "A Face de Deus" e "A Voz do Morro", o disco não chegou a tal vendagem. E acabou aí a aventura dos Inocentes na Warner e em qualquer outra grande gravadora. "Nós não vamos desistir. Mesmo que a gravadora dispense a gente, mesmo que tenhamos que voltar a ser independentes, mesmo que eu tenha que voltar a trabalhar num banco e fazer rock no fim de semana. Temos um papel importante aí nesse meio e vamos segurar essa onda", dizia Clemente em uma das entrevistas sobre este disco, antecipando-se à sua sorte. Três anos depois, a banda voltaria, com o velho Mingau, ex-Ratos de Porão, tocando baixo, no acústico *Estilhaços,* lançado pelo selo Cameratti. "A gente estava de saco cheio, não podia tocar em lugar nenhum", conta Clemente. Em 94, foi a vez de *Subterrâneos* (pela Eldorado), com a volta de Calegari, no baixo. Em 97 veio *Ruas* (Paradoxx) e, dois anos depois, *Embalado a Vácuo* (Abril Music), este com o bônus de duas faixas — "3º Mundo" e "Mais um Dia" — daquela fita demo gravada pela banda em 85.

Os Inocentes chegaram às portas da virada do século com o mesmo punk rock sólido e honestíssimo que vinham mostrando desde *Pânico em SP*. Seu público então era aquele fiel, de alguns garotos da capital e do interior de São Paulo. Irônico, aos 36 anos de idade, Clemente comemorava o fato de, em 1999, poder fazer shows com bandas como o Olho Seco com a garantia "de que não vão morrer dois". E não criticava as opções musicais da juventude roqueira que se iniciava no punk com bandas distantes da ideologia original: "Melhor ouvir Green Day do que Madonna".

Cólera: Os Últimos Pacifistas

"Não viemos para ressuscitar o movimento, mas a idéia de punk", conta Redson, líder do Cólera, uma banda que já começou com um certo afastamento em relação à postura do *destroy* pelo *destroy* e radicalizou de vez em 86, com o disco *Pela Paz em Todo Mundo*. A pulsação hardcore, aceleradíssima, foi mantida (embora o som apresentasse uma sofisticação maior), mas havia algo diferente da idéia original, niilista e iconoclasta, do punk. "Tem violência em Bruxelas / Tem violência em Moscou / Tem violência em Nova York / E também no Brasil / Tem vinganças religiosas / Tem vinganças de raças / Tem vinganças de governos / Tenho medo da guerra / Mas quem se importa? / Mas quem se importa? Eu me importo, eu me importo / Pela paz, pela paz / Pela paz em todo mundo!", cantava Redson na faixa-título do disco. Mais do que a paz mundial, sua utopia de indisfarçáveis tons *woodstockianos*, ele pregava ainda a união dos punks em todo o Brasil. "Mais do que punks, somos alternativos. Punk é a energia que transmitimos", dizia o músico em 87. O disco pode não ter conseguido nenhum tipo de paz que não a da consciência de Redson, mas foi a prova de que, com perseverança e sem intolerância, o punk podia chegar onde ninguém em sã consciência poderia imaginar.

O Cólera avançou com sua postura de levar o punk às TVs (apresentou-se no programa *Mixto Quente*, da Globo, gravado na Praia do Pepino, no Rio, e no saudoso *Perdidos na Noite*, de Fausto Silva) e onde mais fosse recebido — cidades do interior mineiro, paranaense, catarinense... "A gente procurou fazer um trabalho mais harmônico, para que atingisse um público que a gente não estava atingindo ainda, mas que não fosse um negócio pop", conta Redson. Ele jura que foram vendidas 85 mil cópias de *Pela Paz* (lançado pela Ataque Frontal), um recorde para o mercado alternativo brasileiro. Mas, com este disco, que traz a *Declaração Universal dos Direitos do Homem* no encarte (e motivou passeatas pacifistas), o que eles realmente conseguiram de notável foi excursionar pela Europa — foi a primeira banda do underground roqueiro do Brasil a fazê-lo.

De março a julho de 87, o Cólera passou por 47 cidades, em 10 países. "Foram 56 shows e nenhuma briga", conta Redson. "Sem isso, bandas como Sepultura, Ratos de Porão e Viper não seriam o que são." A viagem foi bancada pela venda de compactos belgas com a música "Dê o Fora", e por empréstimos das famílias dos integrantes. Redson, seu irmão Pierre (bateria) e Val (baixo) conseguiram as passagens mais baratas que havia e ficaram na casa do belga Gunther, com quem se correspondiam, e que havia acertado 18 shows na Bélgica, Alemanha e Holanda. Só Redson

À frente de campanhas anti-violência desde os anos 80, o Cólera organizou a passeata "Pela paz em todo mundo" (título de um de seus álbuns), que contou com a presença de Kid Vinil (à direita do "z").

O Cólera entrou nos anos 90 em alto e bom som. Acima, a formação do disco *Caos Mental Geral*: o baixista Fábio, Redson e Pierre.

falava inglês (e mesmo assim, muito pouco), mas, correndo de cidade em cidade na perua Volkswagen de Gunther, a banda ainda conseguiu fazer shows na Suíça, França, Dinamarca, País Basco, Noruega, Áustria e Espanha, quase sempre para comunidades de *squatters*.

O Cólera chegou ao Brasil tinindo, com um show de que muitos devem se lembrar. Eram *sets* longos, com um número inacreditável de músicas curtas e aceleradíssimas. Não havia limite para o pique do Cólera. "Já conseguimos ficar tocando três horas e um pouco mais", conta Redson. As noites, em espaços como o Circo Voador, eram divididas com bandas como a Plebe Rude (a dobradinha mais constante em 87) e até com outras de heavy metal. Muitas vezes, em seu impulso de correção política, Redson chegava ao cúmulo de elogiar os bombeiros, que resgatavam vítimas dos desabamentos causados pela chuva no Rio, em 1988, como "a única polícia que merece o nosso respeito". Mas era sempre uma oportunidade de assistir a um show de hardcore dos mais honestos e sem preconceitos com ideologias ou visual. O Cólera dessa fase está registrado no vídeo *Minutos de Cólera* (da Artificial Cinema, de Marcelo Mega), com trechos de shows no Circo Voador, Metrópolis e no Festival de Juiz de Fora (em 83).

Os discos continuaram saindo depois do *Pela Paz*. A Ataque Frontal lançou o EP *É Natal?* e o compacto de *Dê o Fora*. A Devil Discos, por sua vez, botou no mercado *Verde Não Devaste* (89), *Ao Vivo* (com gravações na Europa, 89), *Mundo Mecânico, Mundo Eletrônico* (92) e *Caos Mental Geral* (97), com as regravações de "Dê o Fora", "Subúrbio Geral" e "Viralatas". Em 99, o Cólera (com o baixista Fábio no lugar de Val) continuava fazendo shows nos fins de semana pelo Paraná, Santa Catarina, interior de São Paulo e, eventualmente, Rio de Janeiro. Redson ganhava a vida administrando uma gráfica durante a semana. "Quando você faz arte e dá certo é impossível parar a idéia", diz ele, confessando que tocou até num The Cult Cover para se manter no rock. Sua postura de combater as bandas "que impunham a anarquia na porrada" sempre o manteve afastado do resto do punk. Por razões diversas, não se dá com Clemente e nem com João Gordo. Redson esperava acabar até o fim do século o livro *Tese do Fim do Mundo*.

Garotos Podres: Humor e Fedor

Quando de seu lançamento, em 85, *Mais Podres Do Que Nunca* foi saudado pela crítica musical como um salto de qualidade no punk brasileiro. Gravado por Redson num estúdio de 16 canais (porque a sala do de oito estava em obras), o disco trazia um som mais lento, na tradição

A anarquia Oi! dos primórdios do punk no ABC paulista, chegando com a corda toda ao fim do milênio: os Garotos Podres.

Oi! (só que extremamente mal-tocado), e os vocais de Mau eram claros o suficiente para que se pudesse entender as letras. E eram elas que faziam a diferença da banda em relação às contemporâneas. Para começar, havia o clássico "Papai Noel Velho Batuta" ("Papai Noel velho batuta / Rejeita os miseráveis / Eu quero matá-lo / Aquele porco capitalista / Presenteia os ricos / Gospe (sic) nos pobres". O desprezo pelos políticos deu origem a "Vou Fazer Cocô" ("Enquanto você de paletó e gravata / Aparece na TV e diz coisas que não consigo entender / O que que eu faço / Vou fazer cocô"). Em "Anarquia Oi", eles instalam um aparente contrasenso — anarquia era um valor punk e a Oi! music, a trilha sonora dos skinheads. Mas os Garotos Podres estavam lá mesmo era para desafiar os rótulos. O disco ainda trazia "Johnny", a história do punk "procurado pelo estupro de uma mina cabaço", que prefere a morte a ser extraditado para o Brasil, "aquele país que está na corda bamba / Que só tem carnaval, futebol e samba / Um país idiota, cheio de moleques / Onde ainda se escuta discothèque". O punk brasileiro ganhava um humor insuspeito.

"Os punks do Madame Satã e dos Jardins não gostam do nosso som porque estão procurando a garota de Berlim [título de música da banda Tóquio, de Supla, filho do senador Eduardo Suplicy]", provocava Mau em 85. A banda não fazia por menos: no show do Carbono 14, o som dos Garotos provocou tal frenesi que a casa acabou demolida pelo público. Com isso, o disco (que tinha a foto de um bebê saudável na capa, em contraste com a de uma criança africana esquelética gritando de fome na contracapa) foi vendendo sucessivas tiragens independentes. A primeira, de mil, sumiu num piscar de olhos. Mais cinco mil e novamente não foi suficiente. Em pouco tempo, a fama dos Garotos Podres estaria ultrapassando fronteiras. *Mais Podres Do Que Nunca* recebeu elogios do *New Musical Express* e foi lançado na Alemanha pela Vynil Boogie. Em março de 86, o Rio estaria conhecendo o estilo podre dos Garotos. Graças a um festival de desafinação, xingamentos e cusparadas, eles acabaram vaiados pelo público durante a apresentação no Cidade Live Concert, festival realizado no Estádio de Remo da Lagoa. Acabaram sendo expulsos do palco pelo organizador, o ex-Joelho de Porco Billy Bond (quantas voltas dá o mundo!). O fotógrafo Paulo Pena, que foi pular uma grade para acudir a banda, foi cercado e agredido por seguranças. Resultado: a polícia teve que chegar para salvá-lo.

Banda emergente, os Garotos Podres resolveram assinar contrato com a Lup Som para promover e distribuir *Mais Podres Do Que Nunca*. Começa aí a mais irônica história da banda. O selo acabou apenas relançando o disco, mais nada. Mau e sua turma pediam discos para divulgação e a Lup não dava. É o vocalista quem conta, em entrevista de 87 à revista *Bizz*, o que aconteceu depois: "Então, para conseguirmos pegar esses discos, fomos da Estação da Luz até a Praça da República a pé, pisando em tudo quanto é merda que a gente via no chão". O resultado da "coleta" foi todo para o carpete do escritório da Lup Som. Inacreditavelmente, o que fez o selo? Uma segunda edição do disco em 88, com a mesma foto e título da reportagem (*Pisando Na M...*). Na contracapa, estava lá a reprodução do trecho em que eles se referiam à traquinagem. Pior foi para a banda — houve gente que comprou o disco achando que era o "novo dos Garotos Podres".

Naquele ano, pela Continental, sairia *Pior Do Que Antes*, com um som mais bem-gravado e letras mais maduras, como a de "Garoto Podre": "Se está desempregado, te chamam de vagabundo / Se fizer greve, te chamam de subversivo / Mas, para arrumar emprego, não lhes dão a dignidade / Apesar do sujo macacão e do rosto suado". A parte musical é que não mudava. Mau, Sukata, Mauro e Português se orgulhavam de não ouvir nada, vivendo só de reciclar aquelas bases de Pistols e Clash. "Uma bagagem que provavelmente carregaremos pela vida inteira", dizia Sukata em 87.

Cinco anos depois, pela finada Radical Records, os Garotos Podres lançaram *Canções de Ninar*, no qual passaram a limpo os acontecimentos políticos do tempo em que ficaram sem gravar (Mau, é bom ressaltar, é professor de História formado pela USP). O LP veio com petardos como "Aos Fuzilados da CSN", "Saddam Hussein is Rock n' Roll" (uma das poucas em inglês, e com razão) e "Fernandinho Veadinho", que dispensava meias palavras ao falar do ódio ao presidente que pouco antes havia levado o país para o buraco. A essa altura, a banda era uma das mais reconhecidas no circuito do rock alternativo brasileiro. Tinha fã-clube em Rondônia e, com a música "Subúrbio Operário", fez parte do curta-metragem *Rota ABC*, de Francisco César Filho. Gravando sempre em intervalos longos mas regulares, os Garotos voltaram em 97 com o disco *Com a Corda Toda* (Paradoxx). Para ele, regravaram "Papai Noel", "Anarquia Oi", "Garoto Podre" e "Subúrbio Operário", trouxeram algum ska e uma versão de "Expulsos do Bar", da banda Mata-Ratos, de Portugal (onde chegaram a se apresentar). Apesar de uma música de gosto duvidoso ("Mancha"), o disco é um pau só na política nacional e internacional.

Mais do que qualquer outra coisa que pudesse glorificá-los, os Garotos Podres foram o grande responsável pela inclusão das bandas do ABC no mapa do Rock Brasil. Berço do sindicalismo no país, com uma história gloriosa de greves, o complexo de cidades foi, na primeira metade dos anos 80, um celeiro de bandas de garagem, punk ou não. Havia o skate rock dos Grinders, o rockabilly dos Kães Vadius e dos Devotos de Nossa Senhora Aparecida (de Luís Thunderbird, que se tornaria VJ da MTV Brasil na década de 90) e o funk dos Mentecaptos Eróticos. Em 86, o selo Rocker (de Ronaldo Martim e Roberto Pol, que nasceu a partir de um jornalzinho sobre rock, skate e ecologia) lançou a coletânea *Rock do ABC*, com faixas do Corte Marcial, Hino Mortal, Epílogo, 64 e Seus Efeitos Colaterais (ótimo nome!) e Decreto-Lei. Na época, calculava-se que as cidades reuniam mais de 200 bandas em seus quintais e galpões. "Bandas de garagem no ABC têm importância igual à do samba no morro", reconheceu Mau em 1990.

"Destrua 2000 anos de cultura!", incitam os terroristas sônicos alemães do Atari Teenage Riot em faixa de seu disco de estréia, de 1996: o punk encontra seu caminho na selva da música eletrônica.

10.
JUÍZO FINAL — O PUNK RUMO AO ANO 2000

Anos 90 e punk? No começo, eles não pareciam ter nada a ver. Globalização era a palavra da moda, os computadores se tornaram onipresentes e a MTV espalhou pelo mundo uma geração de *pop stars* limpos, bonitinhos e inofensivos. As principais bandas inspiradas pelo punk que ainda circulavam no cenário *under* aos poucos melhoravam seus modos, aliviavam a pauleira do som... e logo estavam assinando contratos com grandes gravadoras. Quem quisesse encontrar a energia e a agressividade originais dos Pistols naquele início de 90 tinha que procurar no chamado *crossover*. Ele surgiu quando algumas bandas do heavy metal, com seus cabelos compridos e guitarras pesadas, começaram a prestar mais atenção aos punks. Em 1985, época em que o guitarrista do Metallica, Kirk Hammett, posava com camisas do Discharge, o som da banda paulatinamente adquiria a velocidade e a violência do hardcore — basta ouvir o disco *Ride the Lightning*. Mesmo caso do Slayer, que em 86 gravou um álbum que, não fosse pelas letras satanistas, poderia ser considerado punk: *Reign in Blood*. Ao mesmo tempo, bandas americanas do hardcore, como o D.R.I. (Dirty Rotten Imbeciles), Agnostic Front (de Nova York) e Corrosion of Conformity (da Califórnia) apareceram com... cabelos compridos e guitarras pesadas! Mesma coisa aconteceu na Inglaterra, com a *metalização* de bandas como English Dogs, Exploited e G.B.H. e o surgimento do *grindcore*, um hardcore levado a extremos de velocidade e barulho (próximo do death metal), com letras berradas muito além do limite da incompreensibilidade. Ao ler o encarte, descobria-se que elas tinham a temática típica do metal (ou seja, falavam dos horrores do mundo), mas um espírito de contestação herdado do punk. Napalm Death, Carcass e Godflesh eram as principais bandas *grind*, todas reunidas sob a asa do selo Earache — traduzindo: dor de ouvido.

Resultado: no começo dos 90, metal e hardcore eram quase uma coisa só, disputando lugar num mercado que se abria para bandas que trouxessem alternativas à overdose de bandas pop fajutas, que muitas vezes só se apresentavam com playback. Mesmo assim, na maior parte das vezes, faltava aos *metalcores* um componente ideológico mais contundente, incendiário. Este tinha, curiosamente, sido assimilado pelos negros, que desenvolveram o potencial revolucionário do rap em grupos raivosos como os nova-iorquinos Boogie Down Productions (do rapper KRS-One) e Public Enemy, de canções como "Fight the Power" e "Don't Believe the Hype", e a infernal dobradinha de discos *It Takes a Nation of Millions to Hold Us Back*, de 87, e *Fear of a Black Planet*, de 88. Já o N.W.A., ou seja, Niggers With Attitude (os *crioulos com atitude*), incendiou Los Angeles em 1989 com a faixa "Fuck the Police". De lá também veio Ice T, rapper do barulho, que chegou a fundar uma banda de rock com orientação punk-metal, o Body Count. Ao longo da década de 90, o rap progressivamente bandearia para o *gangsta* (da louvação do estilo de vida criminoso) e perderia esse dado de contestação que o aproximara do punk.

No rock, a rachadura no paredão de mesmice só viria em 91 — como bem detectou o documentário *1991 — The Year Punk Broke* (o ano em que o punk estourou — ou foi para o buraco). O responsável: Nirvana, uma banda de Seattle, gelada cidade no norte do país, onde nasceu Jimi Hendrix. Tudo começou no selo Sub Pop, que dois malucos, Bruce Pavitt e Jonathan Poneman, montaram em 1988. Pavitt conta a história: "Naquele ano, a maior banda de Los Angeles era o Guns N' Roses. E a banda de Nova York que mais importava, ao menos para mim, era o Sonic Youth. Eu tinha acabado de deixar o meu emprego para começar minha própria companhia, então eu precisava ter certeza de que ia ganhar a vida com o Sub Pop. Então pensei: o que podemos lançar que esteja no meio termo entre Guns N' Roses e Sonic Youth? E o disco era o *single* do Mudhoney (*Touch Me I'm Sick*). E mais tarde o Nirvana fez a mesma coisa". A força de ambas as bandas estava em combinar as guitarras vigorosas do heavy de um Black Sabbath, as melodias do rock dos anos 60 e a zoeira e a atitude tipicamente punk. Aos poucos, esse som que ficou conhecido como *grunge* foi penetrando nos círculos alternativos da América. Primeiro, com o EP do Mudhoney, *Superfuzz Bigmuff*, de 88 (o título se refere aos nomes dos dois pedais usados pelos guitarristas Mark Arm e Steve Turner), e o disco de estréia do Nirvana, *Bleach*, de 89 (gravado pela módica quantia de 600 dólares, graças ao revolucionário sistema de trabalho do produtor Jack Endino, que depois produziria discos dos Titãs).

A banda nasceu em 1986 na cidade de Aberdeen, próxima a Seattle, formada pelos amigos adolescentes Kurt Cobain e Krist Novoselic (um filho de imigrantes croatas). Morando com parentes desde os sete anos, quando seus pais se separaram, Cobain era um garoto de aparência frágil, sempre atormentado pelos valentões do colégio. Para poder se concentrar na escola e conter sua hiperatividade, ele tinha que tomar remé-

O Nirvana, na época do *Nevermind*: Krist Novoselic, Dave Grohl e Kurt Cobain.
O mundo nunca mais seria o mesmo depois que o punk voltou a explodir.

dios. Aluno irregular (logo abandonaria os estudos), ele encontrou conforto no desenho e na música — ouvia Beatles, Kiss, Sabbath, Sex Pistols e tantos outros grupos que o influenciaram a criar o som absolutamente original do Nirvana. Aos 14 anos, Cobain ganhou sua primeira guitarra. Quando não estava tocando, trabalhava como *roadie* para os seus heróis, a banda pré-grunge Melvins. Antes do Nirvana, ele teve com Novoselic as bandas The Sellouts (Os Vendidos), Skid Row (nada a ver com a banda californiana de metal *poseur*) e Stiff Woodies. Os bateristas iam e vinham. Em 1988, o Nirvana debutou na Sub Pop com o compacto de "Love Buzz". Pouco tempo depois, a gravadora fez sua jogada de mestre: convidou o jornalista Everett True, do *New Musical Express*, para conhecer a "cena de Seattle". Começava aí o *hype* (a mitificação) do grunge.

Em 91, quando o Sub Pop estava praticamente estabelecido como grande selo alternativo dos Estados Unidos, o Nirvana se fixou com um baterista (Dave Grohl), gravou seu segundo disco na Califórnia (com o emergente produtor Butch Vig, que anos depois estourou como baterista da banda Garbage) e assinou um contrato de distribuição com o gigante Geffen. A primeira música de trabalho do álbum era um quase-plágio de Pixies que, no entanto, ultrapassava em muito a ferocidade dessa banda. O resto todos sabem: "Smells Like Teen Spirit", um hino daquela juventude perdida no mundo, estourou mundialmente, levando boa parte das canções de *Nevermind* consigo. Nunca mais a música pop foi a mesma. O vocalista e guitarrista Kurt Cobain encarnava o possível sonho punk naquela década: era anti-corporações, niilista, absolutamente verdadeiro no palco (podia estar tocando horrivelmente mal, mas sempre garantia um espetáculo intenso, quebrando equipamentos) e reverente às tradições do underground, fazendo questão de ressaltar a influência de bandas obscuras para o grande público, como Black Flag, Melvins, Raincoats e Vaselines — era quase como uma forma de obrigar os garotos a conhecê-las. Com o sucesso do Nirvana, o Mudhoney também teve a sua chance. Irônica em suas letras ("Suck You Dry", por exemplo, alerta para os excessos da exploração comercial do *grunge*), adepta da barulheira sem limites (o solo podia estar fora do tom, mas o que isso importava?) e apologeta fervorosa do rock de garagem, a banda deixou dois discos — *Every Good Boy Deserves Fudge*, de 91, e *Piece of Cake*, de 92 — que podem ser considerados bons exemplos das idéias punk bem aplicadas num contexto de acomodação do rock americano.

Antes de embarcar na rota da auto-destruição, o Nirvana abriu os olhos da indústria americana para o rock dos porões. Em busca da mina de ouro, as gravadoras começaram a investir em bandas como Smashing Pumpkins, Helmet, Sugar (do ex-Hüsker Dü Bob Mould), Rollins Band (do ex-vocalista do Black Flag Henry Rollins, um dos porta-vozes do punk americano nos anos 90) e Dinosaur Jr. Antes que o metal precioso fosse enfim encontrado na Califórnia, o rock americano só fez se renovar, com uma série de sons interessantes (havia também muito lixo *grunge*, é claro) ao alcance de qualquer um na lojinha mais próxima. Em 1994, a MTV foi sacudida por uma vaga da mesma intensidade que "Smells Like Teen Spirit". Era "Longview", um legítimo punk rock com inegáveis toques pop, no qual um garoto de cabelo verde cantava: "Eu não tenho motivação / Onde está minha motivação? / Não há tempo para motivação / Fumando minha inspiração". Logo, a música se tornou um hino para aquela geração *slacker* americana, assumidamente preguiçosa por falta de perspectivas. "Minha mãe me diz pra arrumar um emprego / Mas não gosta do que ela tem", completava a letra da música.

Esse era o Green Day, que se tornou o grande *hit* roqueiro do ano de 94 com o disco *Dookie*. Puro punk californiano, gestado em Berkeley, na Califórnia, por filhos de famílias pobres e desestruturadas (caso do vocalista e guitarrista Billie Joe Armstrong e do baixista Mike Dirnt; o baterista Tré Cool era a única exceção), que posavam de Três Patetas punks. O sucesso como representante musical da geração *slacker* foi tão grande que naquele mesmo ano a banda estaria participando do *revival* do festival hippie Woodstock em seu aniversário de 25 anos. Os três punks se divertiram muito atirando lama uns nos outros, sem a menor veneração à solenidade do passado que estava sendo celebrado. Quando enfim chegou ao Brasil para um show, em 1998, o Green Day parecia uma banda de rock-espetáculo, não muito diferente dos mascarados do Kiss. Em favor dos californianos, há que se ressaltar o seu auto-humor — em nenhum momento sequer eles esconderam que estavam ali somente para serem ridículos e divertir a platéia.

Depois do Green Day, chegou a vez de outra banda punk-pop californiana, o Offspring, de Orange County, bater alto nas paradas com um sucesso. Foi em 95, com a música "Self Esteem", que seguia muito de perto a receita de "Smells Like Teen Spirit". O grande diferencial em relação aos seus antecessores, contratados pela Warner, é que a banda era do selo punk Epitaph, tocado de forma ainda amadora mas entusiasmada pelo guitarrista do Bad Religion, Brett Gurewitz. Com sua visão de mercado e trabalho duro para distribuir o álbum *Smash* nas principais lojas do país, o Offspring se tornou a primeira banda punk da história a vender um mi-

Mike Dirnt, Billie Joe Armstrong e Tré Cool. Ou melhor, Green Day, os Três Patetas do punk californiano dos anos 90.

lhão de discos em um selo independente (ao todo, foram quatro milhões de *Smash* vendidos). Isso atraiu a atenção do público consumidor para outras bandas da Epitaph. A mais bem-sucedida delas foi o Rancid, capitaneada pelos guitarristas-vocalistas Lars Frederiksen (ex-UK Subs) e Tim Armstrong — jovens tatuados e com cabelos moicanos, de classe média baixa, que fazem um punk rock no estilo Clash (ou seja, com muito reggae e ska) e estouraram em 1995 com o disco *... And Out Come the Wolves*. Amigos de infância que cresceram nas cercanias de Albany, subúrbio de Oakland, na Califórnia, Armstrong e o baixista Matt Freeman começaram com uma banda de ska, a Operation Ivy. A banda foi para o buraco e o guitarrista começou a beber como um alucinado. Ele estava vivendo em um abrigo do Exército da Salvação, tentando se desintoxicar, quando apareceu a oportunidade de montar a nova banda — e assim, salvar a sua vida. No *cast* da Epitaph também se destacaram o NOFX (punks anticorporativistas mas bem-humorados, que não deixam seus vídeos passarem na MTV e se apresentaram no Brasil em 97) e o Pennywise (de skate rock), além do próprio Bad Religion. Todas foram bandas que venderam relativamente bem até 1996. Justamente naquele ano, depois de uma "proposta indecente", o Offspring saiu da Epitaph e foi para a *multi* Sony. Em sua fase "corporativa", lançou os álbuns *Ixnay on the Hombre* (96) e *Americana* (98), cuja música "Pretty Fly (For a White Guy)", uma brincadeira com os brancos que tentam fazer rap, mais uma vez os pôs no topo da parada americana. Em 97, a banda veio ao Brasil e mostrou um hardcore honesto, sem no entanto conquistar a adesão dos punks locais (no Rio de Janeiro, a maior parte da platéia era de garotos roqueiros da Zona Sul).

Com tanta movimentação em torno do punk na América, os velhos ingleses não ficaram parados. Em 18 de março de 96, os quarentões John Lydon, Steve Jones, Paul Cook e Glen Matlock se reuniram em Londres, no lendário 100 Club, para anunciar ao mundo que estavam voltando a tocar juntos sob o nome de Sex Pistols. Passados dezessete anos de seu fim, eles deram um show de sarcasmo e cinismo. Segundo Lydon, as desavenças entre os integrantes haviam sido aplacadas em prol de um objetivo comum: o dinheiro dos fãs. Sacrilégio? Nem tanto: "Nós inventamos o punk, nós inventamos as regras. Vocês as seguem, não o contrário", disse aos jornalistas. Perguntado se não seria um espetáculo melhor se exumassem o corpo de Sid Vicious e o pusessem no lugar de Matlock, o vocalista disse: "Pensei nisso, mas as cinzas de Sid foram espalhadas por todo o aeroporto de Heathrow. Precisaríamos de um puta aspirador de pó!". Mais uma vez, ele desancou o baixista e ex-amigo: "Sid não era nada além de um cabide de paletó para ocupar um espaço vazio no palco. Esses [referindo-se aos membros originais ali reunidos] são os indivíduos que escreveram as músicas e agora gostariam de ser pagos por isso". Os primeiros shows dos reformados Pistols (no que foi intitulado a Turnê do Lucro Indecente) foram gravados para um álbum ao vivo, *Filthy Lucre Live*. Em novembro daquele ano, a banda se apresentaria em São Paulo e no Rio (onde Lydon teve que pedir para que parassem de cuspir nele), no festival Close Up Planet, com abertura do Bad Religion — uma das poucas bandas a atravessar as décadas de 80 e 90 batalhando pelo bom nome do punk.

Formada no começo dos anos 80 em Los Angeles pelos adolescentes Brett Gurewitz, Greg Graffin (vocais), Jay Bentley (baixo) e Pete Finnestein (bateria), o BR começou como uma daquelas várias bandas de hardcore da cidade. Sem muitas mudanças em seu som (que parece folk music tocada de forma acelerada e barulhenta), ele fez das letras de Graffin a sua força, sempre versando sobre o tema da luta do homem contra os males da civilização. Assim, com honestidade e perseverança, o Bad Religion conseguiu passar incólume (e na ativa) pelas principais crises do rock americano, lançando discos a intervalos regulares de tempo. No fim dos anos 90, porém, havia restado da formação original apenas o vocalista e o baixista.

Último membro a entrar na banda até 1999, o guitarrista Brian Baker (que substituiu Gurewitz) falou com exclusividade para o livro, poucos dias antes da segunda visita da banda ao Brasil, em março daquele ano. Ele disse acreditar que a única razão pela qual a música punk ainda era aceita no fim dos anos 90 "é porque qualquer jovem poderia fazê-la". O músico não criticava o sucesso de bandas como o Offspring, que diluíram a mensagem punk: "É bom porque cada vez que os garotos comprarem um disco deles acabam descobrindo bandas como o Black Flag. Vai chegar um dia em que eles vão montar bandas que farão o Offspring parecer um nada". Baker, que começou a tocar guitarra aos 15 anos de idade com o Minor Threat, em Washington, lembra com saudade dos tempos de batalha pelo punk rock no começo dos 80: "Muitas vezes nós viajávamos durante oito horas para tocar para 30 pessoas por dinheiro nenhum, só pela aventura e pela diversão". A única coisa que mudou para ele com a passagem do tempo, diz, é que tocar guitarra tornou-se sua profissão. "Continuo ficando irritado com as mesmas coisas de sempre." Segundo ele, o grande problema dos Estados Unidos em 99 continuava

Os independentes entram na rota dos milhões: Offspring, banda punk de Orange County, formada por Greg K, Ron Welty, Noodles e o líder Dexter Holland.

sendo a má distribuiçao de riqueza. "E o racismo, que está numa situação muito pior que há dez anos."

No final dos anos 90, uma das principais marcas do punk foi a fragmentação. As idéias *straight edge* de Ian McKaye, do Minor Threat, ganharam força com bandas como a nova-iorquina Shelter, que, além de preservar o ideário básico do SE (não-ingestão de carne, álcool e drogas, prática do sexo responsável), ainda acrescentou ao caldeirão ideológico os preceitos espirituais do Hare Krishna. Com seu disco de maior sucesso, *Mantra*, esta banda liderada pelo vocalista Ray Cappo (ex-Youth of Today) esteve no Brasil em 1996, onde se apresentou para uma platéia que queria diversão roqueira, e aproveitou a estadia para visitar templos Krishna. A exemplo das mulheres, que batalharam por uma posição de destaque com o movimento das Riot Grrrls, os gays também reivindicaram o seu direito à diferença no meio punk, em uma vertente chamada homocore. A mais conhecida das bandas é a californiana Pansy Division (divisão das maricas), partidária do deboche a qualquer custo — um de seus discos, por sinal, se chamou *For Those About to Suck Cock, We Salute You*, intraduzível paródia de LP clássico dos hard roqueiros do AC/DC. Apesar disso, as suas letras levantavam questões bastante sérias, como o absurdo da homofobia e dos estereótipos associados à cultura gay. Havia também uma ala sadomasoquista do punk (à la Sid Vicious), cujo integrante mais notório era o escatológico americano G.G. Allin. Além da autoflagelação, ele gostava de praticar toda a sorte de barbaridades no palco, como defecar, comer o produto de suas entranhas e sodomizar-se com o microfone. Em 93, para alívio daqueles com estômagos mais fracos, G.G. morreu de overdose de heroína.

E a história do punk seguiu, rumo ao ano 2000, sem tempo para maiores reflexões. Em 1997, pela primeira vez chegou uma banda para desafiar a convenção do baixo-guitarra-bateria do gênero, a alemã Atari Teenage Riot. Só à base de samplers, baterias eletrônicas envenenadas do chamado gabba e vocais berrados, Alec Empire e sua turma conseguiram fazer um dos discos mais agressivos de todos os tempos: *Burn, Berlin, Burn!* À primeira audição, não há punk ou simpatizante que deixe de reconhecer o espírito embutido em canções como "Start the Riot", "Sick to Death", "Delete Yourself" e "Destroy 2000 Years of Culture" (algumas delas com samples de bandas punk históricas). No fim dos anos 90, houve quem dissesse que a música eletrônica iria se tornar o novo punk. Há, sim, um ponto de contato com ele — o *do-it-yourself*, que fez com que muitos garotos começassem a quebrar regras musicais e industriais ao gravar com samplers e computadores em suas próprias casas. Mas, dos vários projetos gabba-jungle-techno que apareceram no cenário até 1999, o único que se revelou punk na essência foi o Atari Teenage Riot — por sinal, ele criou um selo chamado Digital Hardcore. Não se deve deixar de lembrar também dos ingleses do Prodigy, que apesar de muito menos barulhentos (e mais dançantes) que o ATR, cultivaram alguns símbolos punk (por exemplo, o cabelo espetado do vocalista Keith Flint) e chamaram o guitarrista Gizz Butt (ex-English Dogs) para incrementar as bases eletrônicas fornecidas pelo tecladista-programador Liam Howlett.

No começo de 1999, porém, a tradição punk se perpetuava. Quase 18 anos depois de ter documentado o nascimento da cena hardcore de Los Angeles em *O Declínio da Civilização Ocidental*, a diretora Penelope Spheeris (responsável nos anos 90 pelos dois filmes da série cômica *Quanto Mais Idiota Melhor*) preparava o terceiro episódio desta sua série, dedicada aos novos punks da cidade (o segundo episódio, aliás, foi sobre a cena de hard rock, que incluía o então emergente Guns N' Roses). Em sua pauta no *Decline III*, estão os *gutter punks* (punks da sarjeta), jovens sem-teto que mendigavam nas ruas o suficiente por dia para ter uma garrafa de cerveja ou uma boa dose de anfetamina. Identificados com os punks originais, eles se tornaram um novo desafio para a diretora — são frutos de uma América bem mais empobrecida que aquela do *Decline I* e suas histórias, bem mais dramáticas. Squid, um dos personagens que aparece no filme, foi morto esfaqueado dias depois de Penelope ter acabado as filmagens. O que será desses garotos? Será que eles liderarão uma nova revolução musical ou comportamental? Só o tempo irá dizer. Enquanto isso, alertava a revista americana *Details*, alguns jovens de Pequim insistiam em exercer seu (parco) direito à rebelião montando bandas punk como 69 e Dinastia Tang, nos mesmos moldes das que fizeram a revolução na Inglaterra em 1976 e no Brasil em 82. O mundo punk não pára.

E o Brasil?

No país do futebol, do carnaval e da recessão, os planos punk tiveram que esperar pela estabilização econômica para poderem se concretizar. A partir de 1996, com o movimento novamente estruturado (sempre no nível subterrâneo), os lançamentos fonográficos apareceram. Numa iniciativa da Desculpe Aturá-los Produções Libertárias, de Zorro e Guga, dos Invasores de Cérebros, foi lançada a primeira coletânea punk em CD do Brasil, *SP Punk*. Muitos selos alternativos frutificariam em São Paulo: Gravações sem Qualidade, Pecúlio Discos (do Bôka, baterista dos Ratos de Porão), Rotten Records (do ideólogo skin Glauco Mattoso), entre outros. Ainda naquele ano, o punk hardcore paulistano voltaria a cruzar as fronteiras do país com os Blind Pigs. Contratada pela gravadora Grita! (divisão da Epitaph dedicada às bandas latinas, do ex-Bad Religion Jay Ziskrout), a banda hardcore teve lançado nos EUA o disco *São Paulo Chaos*.

Já no Rio, onde o punk não ia tão bem quanto em SP, a coisa ainda iria piorar... de uma forma bem punk. Imagine que, em novembro de 96, o prefeito recém-eleito, Luiz Paulo Conde, resolvesse escolher a porta do Circo Voador, onde se realizava um show dos Ratos de Porão e Garotos Podres, para reunir os seus correligionários na comemoração da vitória nas urnas. E considere a possibilidade de João Gordo resolver usar de todo seu peso para expulsar de sua área aquele igualmente rotundo invasor. Pois tudo isso, por mais inacreditável que possa parecer, aconteceu. E o Circo Voador foi fechado na semana seguinte, por ordem do governador César Maia, assim permanecendo até pelo menos agosto de 1999, quando este livro acabava de ser escrito. As bandas punk cariocas, como Atentado Violento, Caos Urbano e Pacto Social (que começara em 1985, no fim da primeira leva punk da cidade, e só em 98 gravou seu primeiro disco, *Pobre Geração*), não tiveram outra escolha senão ensaiar sua volta ao circuito *under* dos subúrbios e centro.

Em 1996, a palavra hardcore já não era tão estranha assim aos ouvidos de boa parte da população brasileira, graças a uma banda de Brasília, os Raimundos. Tudo começou em 1987, quando Digão (bateria) e Rodolfo (voz e guitarra) começaram a brincar de Ramones nas tardes modorrentas da cidade. Logo, apareceu Canisso, e a banda começou a levar mais a sério os ensaios. Entre uma música e outra, eles tocavam de brincadeira algumas canções de forró — surgia o forró-core. Com o tempo, Digão passou para a guitarra, Rodolfo ficou só cantando e apareceu o baterista Fred — em 1992, estavam formados os Raimundos. De festival alternativo em festival alternativo, sempre com muito sucesso, eles chamaram a atenção dos Titãs, que resolveram contratá-los para o selo que estavam fundando, o Banguela. Em 94, saiu *Raimundos*, disco de estréia, com participação do sanfoneiro Zenilton. Era uma espécie de elo perdido entre os Ratos de Porão e o porno-baião de Genival Lacerda. Inesperadamente, o álbum estourou a romântica canção "Selim", gravada meio que de brincadeira. Logo, os ouvintes descobriram que ele tinha boas

No começo dos anos 90, veio de Brasília o elo perdido entre os Ratos de Porão e Genival Lacerda: Rodolfo, Fred, Canisso e Digão, os Raimundos.

pedradas como "Puteiro em João Pessoa" e "Nêga Jurema", que, para a surpresa de todos, começaram a tocar nas rádios, levando *Raimundos* rapidamente à marca dos 120 mil discos vendidos.

Contratados pela Warner, os Raimundos lançaram em 95 seu segundo disco, *Lavô, Tá Novo*. Mais sucesso, em faixas como "Eu Quero Ver o Oco", "Pão da Minha Prima", "Esporrei na Manivela" e "I Saw You Saying". No EP *Cesta Básica*, de 96, a banda prestou homenagens aos seus ídolos punks, gravando "Merry Christmas" (Ramones), "Bodies" (Sex Pistols) e "Infeliz Natal" (da banda anterior de Digão, Filhos de Menguele). Em 97, foi a vez do álbum *Lapadas do Povo*, disco mais violento dos Raimundos (castigando no thrash metal), que abre com o petardo "Andar na Pedra". Para 99, a banda prometia manter a "crasse" com o CD *Só no Forévis*, programado para sair em maio. Junto com o carioca Planet Hemp, Digão e sua turma foram um dos poucos grupos a zelar pela manutenção do rock mal-educado e barulhento nas FMs brasileiras da segunda metade dos anos 90.

Além dos Raimundos, ajudaram a preservar a tradição punk em Brasília bandas como Os Cabeloduro (do álbum *Com Todo Amor e Carinho*, lançado pela RVC) e D.F.C., que em 96 esbanjou bom humor e ferocidade no disco *Igreja Quadrangular do Triângulo Redondo*, lançado por sua própria gravadora, a Sonya Music (depois transformada — sabe-se lá se por causa da provocação com a Sony — em Silvia Music). "Deus Gosta É de Samba", "Cerol na Venta", "Desmanche Autorizado de Crianças Brasileiras" e "Respeito É Bom e Conserva os Dentes" são alguns dos clássicos hardcore do disco. Em Vila Velha, no Espírito Santo, outra banda comungava da potência bem-humorada do D.F.C., o Mukeka di Rato, que lançou em 1997 o disco *Paskalin na Terra do Xupa-Kabra* (RVC), com patadas HC como "Mék Kâncer Feliz", "Quer Ir? Vai", "Rambo Quer Matar Che Guevara" e "New Wave Índio".

A grande surpresa do punk brasileiro nos 90, porém, foram os Devotos do Ódio, banda de uma das áreas mais pobres de Recife, o Alto José do Pinho. Liderada pelo baixista e vocalista Canibal, ou melhor Marconi de Souza Santos, os Devotos mostraram que não só do mangue bit de Chico Science era feita a cena do pop-rock da capital pernambucana. Havia punk rock, sim, e do bom. Segundo o músico, as primeiras bandas punk de Recife foram Câmbio Negro HC, SS20 e Moral Violento, que apareceram por volta de 1985. A influência principal delas vinha de São Paulo, em discos como *Sub*, que chegavam nas mãos dos que viajavam. Canibal, por exemplo, penou até achar uma cópia do *Pânico em SP* num sebo de Recife. Mas a persistência compensou: "Eles cantavam o que eu entendia. Parece que eles estavam falando daqui".

Rato de ensaio das bandas, o rapaz começou a freqüentar o *point* punk de Recife, na Praça do Metrô (mais uma vez, o transporte subterrâneo...), e a trocar fanzines e cartas com almas afins de outros estados. O Nordeste tinha suas bandas punk, que se espalhavam por Sergipe (Karne Krua), Rio Grande do Norte (o Descarga Violenta, de Natal), Alagoas, Bahia e Paraíba, formando um circuito underground. Do que Canibal se lembra, o Câmbio Negro HC foi a primeira banda a gravar disco (foram dois, *O Espelho dos Deuses*, em 90, e *Terror nas Ruas*, em 1993), logo seguido pelo Karne e o Descarga. As próprias bandas bancaram seus lançamentos fonográficos.

Ligado nas letras do punk, mas sem conhecimento algum de música, Canibal sentiu-se estimulado a montar uma banda no Alto José do Pinho, local em que havia poucas bandas, muito menos punks. Pegou um baixo e recrutou os amigos Celo (bateria) e Neilton (guitarra) para acompanhá-lo. Sem dinheiro para comprar um instrumento pronto, o guitarrista comprou um kit e resolveu construir ele mesmo uma guitarra, improvisando as partes que faltavam com sucata. Os ensaios, conta o baixista, "eram uma zoada da porra no meio da rua". Batizados de Devotos do Ódio, eles levaram seis meses para ensaiar seis músicas. A estréia nos palcos se deu em agosto de 1988, durante o Terceiro Encontro Anti-Nuclear dos punks de Recife, exclusivamente para o qual ela havia ensaiado. O hardcore do trio fez tanto sucesso que os músicos resolveram seguir com em frente com o som.

Naquele fim dos anos 80, os punks da cidade eram muito unidos e bem relacionados com os do Sudeste — Joe 90, da banda paulistana Vírus 27, chegou a se apresentar em Recife. Sempre que os punks recifenses encontravam com os *heavies*, porém, tinha *treta*. No decorrer da década de 90, as facções fizeram as pazes, mas, em compensação, o movimento punk foi se dispersando e perdendo suas características originais. "A turma ia para o *point* só para beber e se chapar. Ideologia, adeus", conta Canibal. Só os Devotos seguiam na ativa, oferecendo sua fita demo a vários selos alternativos na vã tentativa de gravar um CD.

Em 94, chegou a hora da banda. Prestes a virar tema do documentário em curta-metragem *Punk Rock, Hardcore, Alto José do Pinho* (título de sua canção), de Cláudio Assis e Marcelo Gomes, a banda foi convidada a se apresentar no primeiro festival Rec Beat, em São Paulo. Logo, o Sulmaravilha estaria descobrindo que Recife também tinha punk rock do bom. De volta, os Devotos participaram do curta e viram o interesse das gravadoras crescer. O selo Plug, da BMG Ariola, arrematou o seu passe e, em 1997, lançou seu disco de estréia, *Agora Tá Valendo*, produzido pelo guitarrista da Nação Zumbi. "Punk rock, hardcore / Sabe onde é que faz? / Lá no Alto Zé do Pinho / É do caralho! / Tem Devotos, III Mundo [do baixista Massacre, que depois uniu sua contestação à dos rappers, na banda Faces do Subúrbio] que botam pra fuder", cantava Canibal na canção que deu título ao curta. Hardcore a valer, como o das boas bandas do punk de São Paulo, e alguns toques de funk e música regional deram a cara do disco, em canções como "Vida de Ferreiro", "Asa Preta", "Futuro Inseguro" e "Fogo Cruzado". Daí para a frente, com participações no festival recifense Abril Pro Rock (o maior evento do pop alternativo do Brasil no fim dos anos 90), os Devotos logo se tornaram a banda de rock mais popular da cidade, reunindo até 10 mil pessoas por show.

Depois dos Devotos do Ódio, a situação econômica do Alto José do Pinho pode não ter mudado — a falta de condições básicas para os moradores, infelizmente, persistia. Mas, segundo Canibal, a cabeça dos moradores tornou-se outra: "As pessoas estão correndo mais atrás". Admirador da ideologia zapatista, ele organizava em 1999 uma coletânea de bandas do Alto — B.U., A Ostenta, Nanica Papaya, Ataque Suicida, Ato de Haia e, em participação especial, Devotos e Faces do Subúrbio. No mesmo ano, ele esperava uma chance da gravadora para entrar em estúdio e fazer o segundo disco de sua banda. Ela acabou sendo dispensada da BMG e seguiria por vias independentes. Daí em diante, para não atrapalhar o trabalho de divulgação em TV, o grupo teve o nome reduzido somente para Devotos. Apesar da concessão, Canibal continuava alimentando a ideologia que abraçou quando garoto, no começo dos anos 80: "Para mim, a ideologia punk é sempre estar fazendo aquilo de que se está a fim. Ela é objetiva, sincera e sem conflito".

Ideologia: eis uma questão que havia ficado à parte nesta explosão punk tardia de 94, provocada por Green Day e cia. Como uma espécie de reação a este aleijão — um som descolado de sua mensagem —, os jovens brasileiros mais envolvidos com o dia-a-dia do punk rock nos anos 90 se dividiram entre várias correntes de pensamento e ação. Das mais antigas, restaram o movimento punk propriamente dito e os carecas, inimigos mortais dos punks. Nascidos de uma gangue do ABC, os Carecas do Subúrbio, estes adotaram as idéias ultranacionalistas dos skinheads ingleses e dizem abominar a vida punk, de defesa do anarquismo e do direito à diversão. Com suas cabeças raspadas, uma profusão de tatua-

No Alto José do Pinho, uma das áreas mais pobres de Recife, a revolta social vira punk rock nas mãos e vozes de Canibal, Celo e Neilton, os Devotos do Ódio.

gens e um tipo de vestimenta que não dispensa as camisas brancas de malha e os suspensórios, os carecas defendem o culto do corpo (são geralmente musculosos), a valorização do trabalho e o repúdio às drogas (que, dizem, é uma fraqueza punk). Acusados de racistas e fascistas, eles estão sempre prontos para a auto-defesa — às vezes, mesmo que não haja ataque. Não são raras as histórias de confronto em shows punk. São Paulo (em maior escala), Rio, Brasília, quase toda cidade grande brasileira tem carecas.

Igualmente oposto ao punk (e aos carecas), prolifera no Brasil inteiro o Movimento Anarcopunk, espécie de facção politicamente correta do movimento detonado pelos Sex Pistols, que se dedica a defender causas como o combate ao racismo, ao machismo, à obrigatoriedade do serviço militar e à manutenção de grupos parapoliciais. Mais politizados que os punks originais, eles fazem manifestações diversas e muitas vezes moram em *squats* (que proliferam em cidades como Rio, São Paulo e até Curitiba). Uma das questões que mobiliza não só anarcopunks, mas também punks e até o Movimento dos Sem-Terra, é a luta dos zapatistas, rebeldes liderados pelo encapuzado Subcomandante Marcos, que, em 1º de janeiro de 1994, explodiram em revolta depois de um massacre de índios por latifundiários e declararam, na base da bala, a autonomia da região de Chiapas. Alguns punks brasileiros chegam a usar lenços para cobrir o rosto e bonés com a inscrição EZLN (Exército Zapatista de Libertação Nacional) para demonstrar sua solidariedade à luta dos irmãos mexicanos. O exemplo dos zapatistas chegou em 98 até a periferia de Teresina, no Piauí. Inspirados pela luta dos mexicanos, anarcopunks de um Grupo de Estudos Anarquistas apoiaram as invasões de grupos de sem-terra e sem-teto na cidade, sendo depois reprimidos pela polícia. Reunidos em bandas punk como Ingovernáveis e Evidência, eles faziam fanzines, nos quais estabeleciam ligações entre os zapatistas e Antônio Conselheiro, que levou seus seguidores a realizarem a revolta de Canudos.

Em alguns estados do Brasil, os rappers dividem com carecas, punks e anarcopunks os movimentos jovens de contestação política e social. Mais até do que nos Estados Unidos, o rap conserva no Brasil uma analogia com o punk, cumprindo quase o mesmo papel que este entre a juventude negra de origem humilde. Como o seu correspondente branco, o rap volta e meia tem sua expressão de revolta assimilada pela classe média. "Diário de um Detento", dos Racionais MCs, fez, em 1998, a ponte do protesto negro para a geração MTV.

No fim de 1997, quando se comemoravam 20 anos do movimento punk no Brasil, a prefeitura de Santo André não deixou a data passar em branco, realizando um seminário e um festival com as históricas bandas. De quebra, ela patrocinou no ano seguinte a montagem da primeira ópera-punk nacional, *Existe Alguém + Punk Do Que Eu?*, escrita por Antonio Bivar, com direção musical de Redson e concepção gráfica de Angeli. Nos moldes de *West Side Story* (quer dizer, de *Romeu e Julieta*), ela contava a história real do amor impossível entre Índio, punk paulistano, e Rosângela, de uma gangue do ABC. A montagem, apresentada em dezembro de 98, foi estrelada por Pádua, vocalista do Passeatas (banda punk do ABC), que perdeu a mão na explosão de uma bomba caseira atirada durante um confronto com punks de São Paulo. No começo de 99, boas notícias: foi inaugurado no Bom Retiro o Hangar 110, novo templo do punk paulistano, que abriu espaço para que bandas como o Olho Seco (nessa época formado por Fábio e os músicos do Agrotóxicos) e o Cólera mostrassem seu som para a geração alimentada à base de Green Day.

No exterior, o tributo ao punk brasileiro no seu aniversário de 20 anos foi mais insólito. Depois de muito tempo idolatrando o som inaudível dos finlandeses, eis que os papéis se inverteram. Daquelas terras geladas e inóspitas, surgiu a banda de hardcore Força Macabra (em português mesmo), que cantava suas músicas em nossa língua, fascinados com a sonoridade das letras do Olho Seco ("Cansados de ficar sonhando como seria a cena punk brasileira do começo dos anos 80, fundamos uma banda para realizar nossos sonhos com inspiração musical e lírica nessas mesmas bandas", disse o baterista Otto Itkonen. Os integrantes da Força Macabra adotaram pseudônimos referentes a bandas e músicos da cena punk-metal brasileira: Oscar Submundo Antítese, Oswaldo Taurus Extermínio, Pedro Porco Anthares e Jabá MX Chacal. A culpa por tal excentricidade cultural é de Fábio e de Redson, com quem os músicos se correspondiam e trocavam fitas. Em 88, os finlandeses chegaram a gravar um *Tributo a Olho Seco*, do qual seria retirada uma faixa para entrar num outro tributo brasileiro à banda, com vários novos valores do punk. Podemos esperar pelo dia em que o mundo se curvará ante a banda de Fábio?

É... Por que não? Como força subversiva que explode em lava a partir de um vulcão aparentemente adormecido, o punk terá tudo para ressurgir espetacularmente em qualquer dia do fim do milênio. Ainda mais porque a realidade cada vez mais se assemelha àquela das previsões mais sombrias da ficção científica. Como será feito o punk no Brasil pós-2000? Ninguém pode saber ao certo. Com cyberfanzines e arquivos sonoros em MP3 circulando feito coriscos pela rede, fica difícil dizer se a grande e insuperável experiência do "ao vivo no porão" irá sobreviver. E com tantas facilidades eletrônicas para se fazer barulho, quem pode garantir que as guitarras e baterias irão continuar sendo instrumentos de revolta?

Mas quem já esteve num show punk — como o daquele dezembro de 1998 na Fundição Progresso — pode apostar: eis um acontecimento que, como outras tantas coisas boas da vida, não terá substituto.

DISCOGRAFIA SELECIONADA

A indicação é a da data e do selo originais de lançamento. Os que não tiveram edição em CD trazem asterisco ao lado. No caso dos artistas estrangeiros, boa parte dos discos não teve lançamento nacional, seja em LP ou CD.

PRÉ-PUNK

VELVET UNDERGROUND
The Velvet Undergound & Nico (Verve, 1967)
White Light/White Heat (Verve, 1968)

STOOGES
The Stooges (Elektra, 1969)

Fun House (Elektra, 1970)
Raw Power (Columbia, 1973)

MC5

Kick Out the Jams (Elektra, 1969)
Back in the USA (Elektra, 1970)
High Time (Elektra, 1971)

NEW YORK DOLLS
New York Dolls (Mercury, 1973)
Too Much, Too Soon (Mercury, 1974)

PUNK — NOVA YORK

Ramones
Ramones (Sire, 1976)
Ramones Leave Home (Sire, 1977)
Rocket to Russia (Sire, 1977)
It's Alive (duplo ao vivo, Sire, 1978)

The Dead Boys
Young Loud and Snotty (Sire, 1977)

Richard Hell & The Voidoids
Blank Generation (Sire, 1977)

Patti Smith
Horses (Arista, 1975)
Radio Ethiopia (Arista, 1976)

Television

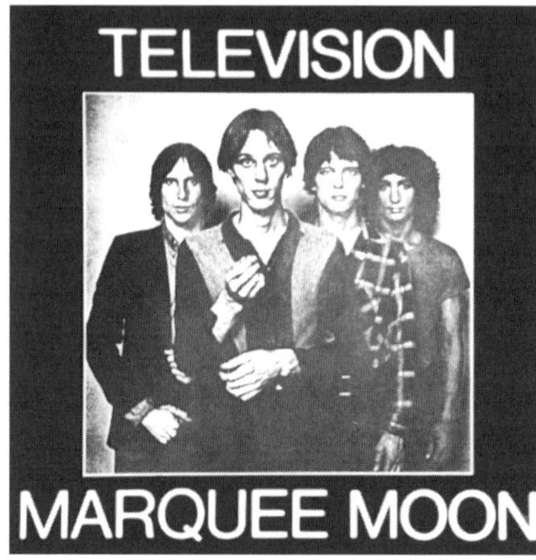

Marquee Moon (Elektra, 1977)
Adventure (Elektra, 1978)

PUNK — REINO UNIDO

Sex Pistols
Early Daze: The Studio Collection (com as demos de Dave Goodman, Dojo Limited, 1993)
Never Mind the Bollocks: Here's the Sex Pistols (Virgin, 1977)
The Great Rock n' Roll Swindle (Virgin, 1979)
Filthy Lucre Live (a volta, ao vivo, Virgin, 1996)

The Stranglers
Stranglers IV (Rattus Norvegicus) (United Artists, 1977)

The Clash
The Clash (CBS, 1977)
Give'Em Enough Rope (CBS, 1978)
London Calling (CBS, 1979)

The Jam
In The City (Polydor, 1977)
All Mod Cons (Polydor, 1978)
Sound Affects (1980)

The Damned
Damned, Damned, Damned (Stiff, 1977)

Buzzcocks
Another Music in a Different Kitchen (United Artists, 1978)
Love Bites (United Artists, 1978)

Sham 69
Tell Us the Truth (Polydor, 1978)

Adverts
Crossing the Sea with the Adverts (Bright, 1978)

X-Ray Spex
Germfree Adolescents (EMI, 1978)

Vibrators

Pure Mania (Epic/CBS, 1977)

Slits
Cut (Island, 1979)

HARDCORE — REINO UNIDO

UK Subs
Brand New Age (Gem, 1980)

Exploited
Punk's Not Dead (Grand Slamm, 1981)

HARDCORE — CALIFÓRNIA

Black Flag
Damaged (SST, 1981)

Circle Jerks
Group Sex (Frontier, 1981)

Dead Kennedys
Fresh Fruit For Rotten Vegetables (Alternative Tentacles, 1980)

Germs
(GI) (Slash, 1981)

X
Los Angeles (Slash, 1981)

HARDCORE — EUA ANOS 80

MISFITS
Walk Among Us (Ruby, 1982)

MINOR THREAT
Minor Threat (Dischord, 1984)

HÜSKER DÜ
Zen Arcade (SST, 1984)

THE REPLACEMENTS
Let It Be (Twin/Tone, 1984)

MINUTEMEN
Double Nickels on The Dime (SST, 1984)

BAD BRAINS
I Against I (SST, 1986)

PIXIES
Come on Pilgrim (EP, 4AD, 1987)

CROSSOVER (PUNK + HEAVY METAL)

CORROSION OF CONFORMITY
Animosity (Combat, 1985)

SLAYER
Reign In Blood (Def Jam/Geffen, 1986)

SUICIDAL TENDENCIES
How Will I Laugh Tomorrow When I Can't Even Smile Today (Epic/CBS, 1988)

NAPALM DEATH
From Enslavement To Obliteration (Earache, 1988)

D.R.I.

Crossover (Metal Blade, 1987)

AGNOSTIC FRONT
Cause For Alarm (Combat, 1986)

COLETÂNEAS

Grito Suburbano (Punk Rock, 1982)

O Começo do Fim do Mundo (Punk Rock, 1983)

Sub (Estúdios Vermelhos, 1983)
Ataque Sonoro (Ataque Frontal, 1985)*
SP Punk (Punk Rock)

RATOS DE PORÃO

Crucificados pelo Sistema (Punk Rock, 1984)
Descanse em Paz (Baratos Afins, 1985)
Cada Dia Mais Sujo e Agressivo (Cogumelo, 1987)

Brasil (Roadrunner/Eldorado, 1989)
RDP Vivo (Roadrunner/ Eldorado, 1992)
Feijoada Acidente? (em dois volumes, Internacional e Brasil, Roadrunner, 1995)
Carniceria Tropical (Paradoxx, 1998)
"Periferia" 1982 (Gravações Sem Qualidade, 1998)

CÓLERA
Tente Mudar o Amanhã (Ataque Frontal, 1985)*

Pela Paz em Todo Mundo (Ataque Frontal, 1986)*

PLEBE RUDE
O Concreto Já Rachou (Mini-LP, EMI, 1986)

LEGIÃO URBANA
Que País É Este? 1978-1987 (EMI, 1987)

INOCENTES
Pânico em SP (WEA, 1986)*
Adeus Carne (WEA, 1987)

REPLICANTES
O Futuro É Vortex (RCA, 1985)*

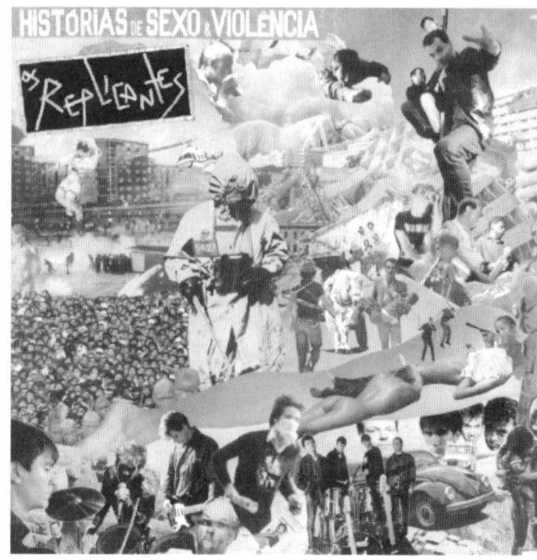

Histórias de Sexo e Violência (RCA, 1986)*

OLHO SECO

Botas, Fuzis, Capacetes (Compacto, Punk Rock, 1983, relançado em CD, junto com faixas do Fogo Cruzado e Brigada do Ódio, em 1998, pela Gravações Sem Qualidade)

Garotos Podres

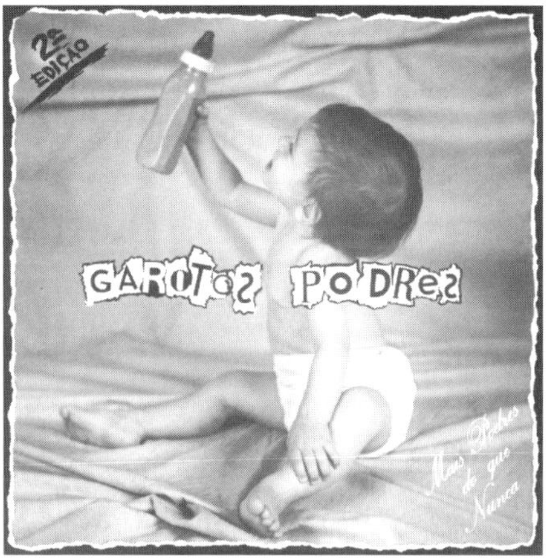

Mais Podres do que Nunca (Rocker, 1985)

Camisa de Vênus

Camisa de Vênus (Som Livre, 1983)

EUA ANOS 90

Green Day

Dookie (Reprise, 1994)

Offspring

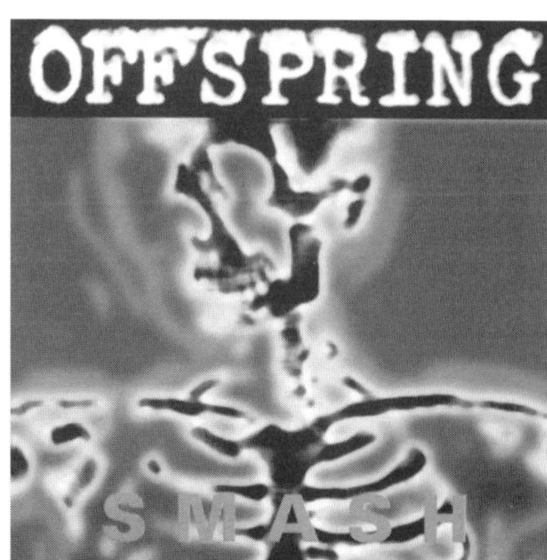

Smash (Epitaph, 1994)

Fugazi
Steady Diet of Nothing (Dischord, 1991)

Bad Religion
Recipe for Hate (Epitaph, 1993)

Rancid
... And Out Come the Wolves (Epitaph, 1995)

Pennywise
About Time (Epitaph, 1995)

Nofx
Heavy Petting Zoo (Epitaph, 1996)

Sick of It All
Sick of It All (Revelation, 1997)

SEATTLE

Nirvana
Bleach (Sub Pop, 1989)

Nevermind (DGC, 1991)
Incesticide (DGC, 1992)
In Utero (DGC, 1993)
From The Muddy Banks of The Wishkah (Póstumo, ao vivo, DGC, 1996)

Mudhoney
Superfuzz Bigmuff (Sub Pop, 1988)
Every Good Boy Deserves Fudge (Sub Pop, 1991)

ELETRÔNICO

Atari Teenage Riot
Burn, Berlin, Burn! (Digital Hardcore, 1996)

BIBLIOGRAFIA

LIVROS

Bivar, Antonio. *O que é punk*. São Paulo: Brasiliense, 1982.

Blashill, Pat. *Noise from the Underground: A Secret Story of Alternative Rock*. Com fotos de Michael Lavine. Nova York: Fireside/Simon & Schuster, 1996.

Caiafa, Janice. *Movimento punk na cidade: a invasão dos bandos sub*. Rio de Janeiro: Jorge Zahar, 1985.

Costa, Maria Regina da. *Os "carecas do subúrbio": caminhos de um nomadismo moderno*. Petrópolis: Vozes, 1993.

Dapieve, Arthur. BRock: o rock brasileiro dos anos 80. Rio de Janeiro, Editora 34, 1995.

Dolabela, Marcelo. *ABZ do rock brasileiro*. São Paulo: Estrela do Sul, 1987.

McNeil, Legs; McGain, Gillian. *Mate-me por favor*. Tradução de Lúcia Brito. Porto Alegre: L&PM, 1997.

Savage, Jon. *England's Dreaming: Anarchy, Sex Pistols, Punk Rock and Beyond*. Nova York: St. Martin's Press, 1992.

Severiano, Jairo; Homem de Mello, Zuza. *A canção no tempo: 85 anos de músicas brasileiras (Vol. 2: 1958-1985)*. São Paulo: Editora 34, 1998.

Vários autores. *The Q Book of Punk Legends*. Londres: Guiness Publishing, 1996. Encartado na revista *Q*, abril de 1996.

Vários autores. *Make the Music Go Bang: The Early L.A. Scene*. Editado por Don Snowden, com fotos de Gary Leonard. Nova York: St. Martin's Griffin, 1997.

Vários autores. *Nosso Século 1945-1960 e 1960-1980*. São Paulo: Abril Cultural, 1980.

Vários autores. *Spin Alternative Rock Guide*. Editado por Eric Weisbard e Craig Marks. Nova York: A Vintage Original, 1995.

PERIÓDICOS

Almanaque Abril, Amiga, Backstage, Bizz/Showbizz, O Carioca, Chiclete com Banana, Correio Braziliense, Details, Dynamite, O Estado de S. Paulo, Folha de S. Paulo, O Globo, Homem, IstoÉ, Jornal do Brasil, Kerrang, Manchete, Melody Maker, Metal Head, The Observer Magazine, Pinhead (Argentina), Pipoca Moderna, Rock Brigade, Rock Press, Roll, Rolling Stone, SomTrês, Spin, The Sunday Times Magazine, Time, Trip, Veja, Vox.

ÍNDICE REMISSIVO

Este livro foi composto em Sabon pela Bracher & Malta, com fotolitos do Bureau 34 e impresso pela Bartira Gráfica e Editora em papel Alta Soft 90 g/m² da Cia. Suzano de Papel e Celulose para a Editora 34, em setembro de 1999.